सत्य-कलि-संवाद

लेखनाथ पौड्याल

सत्य–कलि–संवाद
लेखनाथ पौड्याल
विधा: लघु काव्य

Satya-Kali-Samvada (satya-kali-saṃvāda)
by *Lekhnath Paudyal* (lekhanātha pauḍyāla)
Genre: Poesy

Author picture from *Madan Puraskar Pustakalaya* archive

ISBN: 9789937-9728-0-2

भूमिका

सर्वशक्तिमान् सर्वान्तर्यामी परमपुरुषका असीम कृपा कटाक्षले गर्दा आज मैले यो सानू पुस्तक पाठकवृन्दका समीपमा उपस्थित गर्न पायें यो मेरो सौभाग्यको विषय हो, हुनता यो पुस्तक अतिशय सानू र क्षुद्र तथा चिरकालमा समाप्त भयेको छ विशेष रुचिकर कविप्रतिभाको अनुकूल महत्त्वको कुरा पनि यसमा केही छैन परन्तु कार्य जस्तोसुकै क्षुद्र र जतिसुकै कालमा समाप्त भयेको होस तापनि कार्य-समाप्तिको अनन्तर कार्यकर्ताका मनमा केही न केही आनन्दको सञ्चार अवश्यमेव हुँदो रहेछ। जुन समयमा मैले यस सत्यकलिसंवादको विषयमा हस्तक्षेप गरेथें उस वेला मलाई यो पुस्तक यति वर्षपछि यस स्वरूपमा समाप्त गरूँला भन्ने स्वप्नमा पनि लागेको थिएन। उसवेला मैले आनन्दी लहडमा यस ग्रन्थको बीचमा परेका तमाखू आदि विषयको वर्णनात्मक हास्य रसप्रधान वीश पच्चीश श्लोकमात्र लेखी एक कुनामा फाली राखेको थिएँ, मनमा ग्रन्थका उपक्रमोपसंहार आदिको सम्भावना पनि थिएन, तर आज दश वर्षपछि मेरा पूज्यपाद पिताजी र मित्रहरूका अनुरोधले तेस लहडका बीजवापबाट यो सानू पुस्तकरूप फलोदय भएको देख्दा मेरै मनमा बडो आश्चर्य लागीरहेको छ। यसबाट स्पष्टतया बुझिन्छ कि - सर्वशक्तिमान् परमेश्वरको कार्यसम्पादनप्रणाली बडो विचित्र रहेछ किनभने मजस्ता तुच्छातितुच्छ अयोग्य मानिसका लेखनीद्वारा दशवर्ष अघीदेखि बीजवाप गरेर अहिले यो सानू पुस्तकरूप फल यस ढंगसँग निकालनू यो खाली ईश्वरका कार्यसम्पादनप्रणालीको विचित्रता सिवाय अरु केही होइन। अस्तु

सारा भूमण्डलमा जहाँतक आधुनिक लोकोत्तर सभ्यताको प्रकाश परेको थिएन मानिसहरू सामान्य अन्न वस्त्रादिद्वारा आफनू गुजारा गर्दथे, वहाँसम्म कसैको प्रतिभा जप, तप, योग, वेदान्त आदिको अगाध

विषयमा गोता लगाउँदथ्यो कोही मान्त्रिक शस्त्रास्त्रको आविष्कार गर्दथे, केही सहस्रशः रागरागिणीहरूको प्रत्यक्ष फोटो लिनामा व्यग्र थिए कोही भक्तिमार्गमा अपूर्व अपूर्व सोपान-श्रेणीको समावेश गर्दथे। कसैलाई दर्शनशास्त्रका ऊहापोहले खिँचेको थियो। एतावता उसवेलाको चाल-चलन, व्यवहार-प्रणाली सब अर्कै आनन्दी थियो। भूमण्डलमा मानिस पनि केही कम्ती नै थिए। जङ्गली नावो सामा आदि अन्न, र भूर्जपत्र, वल्कलादि वस्त्रले पनि जनसमाजको निर्वाह चल्दथ्यो। पारस्परिक ईर्ष्या, द्वेष, मात्सर्यहरू वर पिप्पल आदिका वृक्षमनि बसेर वेदानुकूल बडे बडे दर्शनशास्त्रहरूको शिष्यवर्गमा प्रचार गर्दथे। सबको एकमात्र लक्ष्य निर्वाण पद सिवाय केही थिएन। प्रत्येक व्यक्ति *उदारचरितानां तु वसुधैव कुटुम्बकम्, आत्मवत्सर्वभूतेषु यः पश्यति स पश्यति* यही सर्वोच्च र सर्वानन्दी सिद्धान्तलाई लिएर अपूर्व शान्तिका साथ काल-क्षेपण गर्दथे। सारा मनुष्यहरूको समाज उनको आत्मीय समाज थियो। सारा भूमण्डलमा उनको स्वदेश थियो। देशी, विदेशी, कालो गोरो भन्ने यो भयङ्कर भेदभाव उनमा बिलकुल थिएन। सब जना अवर्णनीय प्रेमका साथ रहन्थे। दुर्भाग्यवश वा प्रकृतिको परिवर्तनशीलतावश उस आनन्दी समयले पलट खायो। विस्तार विस्तार त्यस ऋषि-कालको, त्यस सत्ययुगको सुन्दैमा पनि मनमा अपूर्व शान्तिको सञ्चार गराउने रहन-सहन, चाल-चलन आचार विचार सारा संसारबाट बिदा भयो। सत्ययुगका स्थानमा कलियुग आयो, सरलताको स्थान सङ्कीर्णताले पायो, भेदभाव बढ्दै गयो। प्रत्येक भू-खण्ड, प्रत्येक समाजको स्वदेश तद्भिन्न विदेश गनिन थाल्यो। सारा भू-मण्डलमा नाना प्रकारका धार्मिक संघर्षले अड्डा जमायो। एतावता मानिसहरूको जीवनले नै काया पल्टयो, थोरै कालमा नै उही मनुष्यसमाज यसरी सङ्कीर्ण हुन आयो कि उसलाई खाली जीवनका निमित्त नै आफनू बल, पौरुष, प्रतिभा, बुद्धि समय आदि तमाम खर्च गर्न परने भयो। प्रत्येक वैज्ञानिक विद्वान्हरू एक एक जीवनोपयोगी भौतिक आविष्कारमा सन्नद्ध

भए। ग्रन्थलेखन प्रणाली पनि देशोन्नति, समाज सुधार उद्योगधन्दा आदिको विषयमा नै झुकन आयो अर्थात् जुन लेखक का ग्रन्थमा आधुनिक समाजसुधार आदि विषयको दिग्दर्शन र कला कौशलको केही तरक्की रहँदैन सो ग्रन्थ सारा सभ्य मानिस हेय सम्झन थाले। प्रायशः समस्त संसारमा यही प्रथाले आफनो अधिकार जमायो। अरु दर्शन शास्त्रादिको विषय ज्यादै नै अन्तर्हित भएर गयो, यो सब प्राकृतिक परिवर्तन हो, यस हवाका प्रतिकूल चल्न चाहने जो एकाद व्यक्ति थिए तिनको पनि ह्रास हुँदै गयो। आखिर जो हवाको अनुकूल चलन जान्दथे उनैको यशोवृद्धि र प्रतिष्ठा संसारमा अटल भयो। एतावता सारा मनुष्यसमाज नवीन परिपाटीको अनुगामी हुनै पर्‍यो, मैले पनि यही समयानुकूल परिपाटीलाई लिएर हाम्रो पुराण व्यवस्थानुसार सत्य र कलिको बहाली बर्खासीको सन्धि समयमा उनी दुईको संवाद स्वरूप जो यो सानू ग्रन्थ लेखेको हुँ, यसमा मैले मेरा क्षुद्र बुद्धिले भेटेसम्म रुचिकर शैलीद्वारा दुईजनाको उक्ति प्रत्युक्तिमा प्राचीन ऋषिकालको गौरव, अनन्तर हिन्दूहरूको असावधानी, इस्लाम धर्मको सहेतुक आविर्भाव, त्यसवेलाको हिन्दूस्थानको उग्र परिस्थिति, उसका उपर मुसलमानको कुदृष्टि, हिन्दूस्थानमा मुसलमानहरूको प्रवेश, धार्मिक सङ्घर्ष, हिन्दूका उपर उनीहरुको अत्याचार, हिन्दूप्रजाको दुर्गति, देवालय र प्राचीन ग्रन्थको संहार, हिन्दूहरूको शोचनीय अवस्था र हाहाकार, हिन्दूहरूमा दुर्व्यसनको प्रभाव, सामाजिक स्थितिको घोर परिवर्तन, हिन्दूहरूका विचारको क्षुद्रता, ऋषिकुल, ब्रह्मचर्य, वेदाध्ययन, इत्यादिको अन्त्य, पाखण्डमतको प्रचार, मुसलमानहरुको कठोर शासनदण्ड, उनीहरुको ऐश आराम। तेसको कुपरिणाम, हिन्दूहरूको पुनरुत्थान चेष्टा, मरहट्टाको उदय, उनमा पारस्परिक फूट, त्यसले उनको शैथिल्य, सुन्दोपसुन्द न्यायले मरहट्टा मुसलमानको अधःपात, त्यसै अवसरमा सुचतुर अंग्रेज जातिको प्रवेश, उनबाट अत्याचारको शान्ति, कलाकौशलको अभिवृद्धि, हिन्दूहरूले

गरेको उनीहरूको स्वागत, उनीहरूले हिन्दूहरूलाई दिएको सान्त्वना, त्यसबाट भयेको हिन्दूहरूको प्रसन्नता, अंग्रेज जातिको शासनको योग्यता, उनको सर्वप्रियता र समानता, नेपालमा क्षत्रिय जातिको महत्त्व, नेपालको स्वाधीनता, नेपालमा प्राचीन धार्मिक स्थितिको परिपालन, सुयोग्य प्रजावत्सल महाराज चन्द्रसंशेरको उदय, इत्यादि विषय संक्षेप रूपले रूपकमा देखाउने चेष्टा गरेको छु। यसमा मुसलमानी जमानालाई लिएर समाजिक परिस्थितिको दिग्दर्शन गर्दा रूपकमा केही हास्यरस पनि परेको होला, त्यसमा मर्मज्ञ पाठकहरूले अरुचि गर्नु होवैन भन्ने आशा गर्छु। सत्यका उक्ति जति छन् तिनमा यथाशक्ति हाम्रा ऋषिकालको महामधुर सर्वप्रिय चाल चलन, रहन सहन इत्यादि झल्काउने यत्न गरेको छु। यसबाट पाठकहरूका मनमा आफना पूर्व पुरुषहरूका गौरवको प्रभाव पर्न सक्यो भने म आफनू अहोभाग्य सम्झने छु, हुनता यस ग्रन्थमा उल्लेख गर्नुपर्ने सहस्रशः विषय छुटेका छन्। परन्तु ग्रन्थ प्रश्नोत्तरका रूपमा हुनाले ती सबको समावेश गर्दा कदाचित् ज्यादै नै भद्दा होला कि भनेर समावेश गर्न सकिन। पाठकहरूको यसमा अभिरुचि भयो र ग्रन्थ बढाउने आग्रह देखियो भने द्वितीय आवृत्तिमा समावेश गरनेछु।

मलाई यो ग्रन्थ प्रकाशन गर्दाखेरि अत्यन्त खेदको विषय यो छ कि - जुन बखतमा मैले यस ग्रन्थको अन्दाजी डेढ शय श्लोकमात्र लेखेको थिएँ। उसवेला महर्षिकल्प पूज्यपाद पिताजी पं. दुर्गादत्त शर्मा कार्यवश नेपालमा आउनुभयो र ती सब श्लोकको अवलोकन गर्नुभयो। वहाँ सत्यनिष्ठ सत्यवादी हुनाले वहाँलाई सत्यका उक्तिमा विशेष आह्लाद लाग्यो र उत्नीखेरै वहाँले मलाई भन्नुभयो कि - यो ग्रन्थ चाँडै नै समाप्त गर म यसलाई आद्योपान्त हेर्दछू। उसवेला मैले सो आज्ञा शिरोपर गरें। केही दिनपछि पिताजी पनि घरमा जानुभयो। परन्तु पिताजी घर गएपछि दीर्घसूत्री हुनाले मैले सो कुरा भूलीहालें। सत्य-कलि-संवाद जहाँ को तहीं उत्तिकै रह्यो गतवर्षको हिउँदमा म फेरी घर गयें। म पुग्नासाथ

पिताजीले उही सत्यकलिसंवाद को खोजी गर्नुभयो। त्यसवेला मलाई साह्रै नै अपशोच लाग्यो। आखिर यस साल यसलाई अवश्य पूरा गर्छू इत्यादि कबूल गरी नेपाल आयेर सो पूर्ण गर्ने धन्दामा लागें। केही कालपछि सो ग्रन्थ पूरा गरेर मेरा परम मित्र पण्डित द्वारकानाथ पौड्याल मार्फत् प्रेसमा दिएको मात्र थिएँ, यस्तैमा अकस्मात् १९७६ साल ज्येष्ठ २६ गते शुक्ल द्वादशीको दिन ब्रह्म मुहूर्तमा पूज्यपाद पिताजी आफूले चिराभ्यस्त योगप्रणालीद्वारा परम पुरुषको स्मरण गर्दै नश्वर देहलाई छोडेर कैवल्य पदमा प्राप्त हुनुभयो। मैले वहाँ जीवित छँदैमा वहाँले अत्यन्त इच्छा राखेको यो ग्रन्थ वहाँका चरणारविन्दमा उपस्थित गर्न सकित। यो मेरो दीर्घसूत्रिताको फलरूप दुर्भाग्य हो। यसबाट भएको पश्चात्ताप न मैले बिर्सेर बिर्सिन्छ, न फालेर फालिन्छ। तथापि अब म यो सानू ग्रन्थ वहाँकै अमर आत्माको चरणारविन्दमा समर्पण गरेर यो लेख समाप्त गर्न चाहन्छु।

यस पुस्तकमा मैले नवीन प्रश्नोत्तर प्रणालीद्वारा जुन जुन विषय देखाउने चेष्टा गरेको छु, ती सबमा सहस्रशः भूल भएको होला, त्यसमा गुणग्राही पाठक-वृन्दबाट क्षमा रहला भन्ने आशा गर्दछु।

सूक्तीनां प्रतिभानाञ्च मञ्जरीणां च जृम्भितम्।
नवमेव मनोहारि नारीणामिव यौवनम्।।
(क्षेमेन्द्र)

ठमेल ८०
नेपाल

लेखनाथ शर्मा पौड्याल

सत्य-कलि-संवाद

१

गर्थे प्रवेश धरणीतल तर्फ सत्य।
जान्थ्यो कडा कलि अधोमुख उग्रचित्त।।
त्यै बीचमा हुन गयो तिनको अपार।
संवाद यो परम सुन्दर एक वार।।

२

सत्य - हे वीर ! भाइ ! कलि ! सुन्दर ! हे पियारा !
बाबू ! तिमी किन भयौ यसरी अँध्यारा ?
जान्छौ कता ? किन यतातिर हेरदैनौ ?
उस्तो प्रसन्न अघि झैं किन आज छैनौ ?

३

कलि - बाटामहाँ बहुत वर्षपछी झलक्क।
देखी अहो ! हजुरलाइ परें म छक्क।।
चिन्है पनी कठिन भो, सहसा मुहार।
हेर्दैनथें किन म हे करुणावतार !

४

सत्य - बाबू ! थियौ तिमी कहाँ, म कहाँ, कहाँ यो -
संयोग हामि दुइको हुन आज आयो।।
सौभाग्यको दिन रहेछ सहर्ष आऊ।
प्यारा ! प्रसन्न मुख पार, गला मिलाऊ।।

५

कलि - भाई म हूँ हजुरको, म अटेर जस्तो।
दाज्यै ! भयें नचिन्हदा प्रभुलाई उस्तो।।
माफी मिलोस यसमा, हुन गो विराम।
गर्छू बडो प्रणयपूर्वक यो सलाम।।

६

सत्य - भन्छू म आउ अलिबेर गला मिलाऊ।
देखाउँछौ तिमि अपूर्व वि-चित्र भाऊ।।
भाई ! भयें म यसले अलमल्ल भारी।
के हो सलाम ? किन गर्न भयौ तयारी ?

७

कलि - मेरा सफा सुदिनमा सबमा चलेको।
अष्टाङ्गयुक्त नतिको बदला बनेको।।
यो हालकै चलन हो, पहिले थियेन।
दाज्यै ! तसर्थ प्रभुले बुझिबक्सियेन।।

८

सत्य - सुन्दामहाँ सुदिनको तिमिबाट नाम।
मेरो भयो हृदय शीतल यो तमाम।।
मालूम छैन तर त्यो दिनमा विशेष।
के के गऱ्यौ ? हुन गयो कतिसम्म बेस ?

९

कलि - साँचो कुरा विनति गर्दछु नाथ ! आज।
दाज्यै ! हजूरसित के छ मलाइ लाज।।
साम्राज्यको झिलिमिली गरनू गरेर।
आइरहेछु अहिले म हजूरनेर।।

१०

सत्य - धेरै भयो सकल इन्द्रियवर्ग बाँधी।
भाई ! म ता गरदथें दिनहूँ समाधि।।
ब्रह्माजिका वचनले म हिजो हिँडेको।
के जान्दथें झिलिमिली तिमिले गरेको।।

११

कलि - दाज्यै बनेर अधिराज नयाँ मिजाज।
देखाउँदै विविध अद्भुत कामकाज।।
लाखौं गरेर यश नाम सबै कमायें।
प्रारब्ध भोग सकियो र उठी म आयें।।

१२

सत्य - साम्राज्य मुख्य कसबाट मिल्यो कहाँको ?
कस्तो गऱ्यौ भिलिमिली कसरी वहाँको ?
सम्पूर्ण यो तिमि खुलस्त गरी बताऊ
सुन्छू कुरा सब सहर्ष न हत्पताऊ।।

१३

कलि - ब्रह्माजिबाट उहि भारतवर्ष एक।
पाई गईकन सुधार गरी अनेक।
दाज्यै गरें भिलिमिली उसमा विचित्र
साध्यै हुँदैन जसको लिइ मानचित्र।।

१४

सत्य - भाई ? सुनी मधुर भारतवर्ष नाम।
मेरो भयो हृदय गद्गद यो तमाम।
त्यो हो अपूर्व अधिको अति सभ्य देश
के के गऱ्यौ उसमहाँ तिमिले विशेष ?

१५

कलि - त्रेतादिका नियमबन्धनले म जाँदा।
दाज्यै ! थियो सकल भारतवर्ष सादा।
तोडेर बन्धन जती सब ती क्रमैले
पारें गएर उसलाइ नवीन मैले।।

१६

सत्य - हे वीर ! वत्स ! तिमि भारत तर्फ जाँदा।
ज्यादा रहेछ कुन बन्धन-जन्य बाधा।
सोझो गएर तिमिले जुन तोडनाले
छोयो सबै मुलुकलाइ नवीनताले।।

१७

कलि - आडम्बरी विधि निषेध सिवाय अर्को।
दाज्यै थिएन दृढ बन्धन कोहि चर्को।
तोडें उही सब गरी मिहिनेत भारी
जो तोडिँदा मुलुक नूतन भो तयारी।।

१८

सत्य - बिग्र्यो कुरा, मन झसङ्ग भयेर झस्क्यो।
संवादमा अब भयङ्कर भाव निस्क्यो।।
जो मूल हो मनुज जीवनको प्रधान।
त्यै तोडियेपछि रह्यो अब के बयान ?

१९

कलि - दाज्यै ! विचार गरिबक्सनुहोस बात।
व्यर्थै नहोस नबुझीकन अश्रु-पात।।
तोडें भनेर विनती गरनू त खाली।
हो एकमात्र परिवर्तनको प्रणाली।।

२०

सत्य - त्यो ता स्वयं प्रकृति नै समयाऽनुसार।
गर्छे, कसैकन पनी परदैन भार।।
केको गऱ्यौ त ? तिमिले मिहिनेत भारी।
भो गैह्र देश जसबाट नयाँ तयारी।।

२१

कलि - दाज्यै ! स्वयं प्रकृतिलाइ पनी निमित्त।
चाहिन्छ कोहि परिवर्तनमा प्रवृत्त।।
यो तारतम्य नभये किन राम-कृष्ण।
हुन्थे मनुष्य-अवतार विषे सतृष्ण ?

२२

सत्य - मान्छू म यो सब कुरा, तिमिबाट भारी।
भाई ! भयेछ परिवर्तनको तयारी।।
त्यो बातमा तर तिमीकन त्यो प्रयास।
ज्यादा पऱ्यो किन तहाँ गर यो प्रकाश।।

२३

कलि - आफू सिवाय अरु सभ्य कुनै नदेखी।
गम्कीरहेछ जुन लाखन वर्षदेखी।।
त्यै देशमा अलिकती नगरी प्रयास।
हुन्थ्यो नयाँ चलनको कसरी विकास।।

२४

सत्य - बाबू ! 'नयाँ चलन' यै पदबाट ज्यादा।
भस्कन्छ चित्त, बढदो छ असङ्ख्य बाधा।।
पक्का भयेछ यसमा तिमिबाट भूल।
हुन्थ्यो मलाइ यसरी किन नत्र शूल।।

२५

कलि - संसारमा वरिपरी हर एक देश।
थाले जहाँ लिन समस्त नवीन भेष।।
दाज्यै ! वहाँ फगत भारतलाइ मात्र।
पारीदिऊँ म कसरी उपहास-पात्र।।

२६

सत्य - यस्तो छ बाहिर अरूहरुको विचार।
यस्तो म छू, यति गरूँ यसरी सुधार।।
भन्ने कुरा चतुर भारतवर्ष खास।
जान्दैनथ्यो र तिमिलाइ पऱ्यो प्रयास ?

२७

कलि - मै सभ्य छू जगतमा मसितै छ जे छ।
वास्ता गरेर अरूको अब लाभ के छ ?
यस्तो चढेछ उसका शिरमाथि गर्व।
बिर्सीदियेछ सहसा व्यवहार सर्व।।

२८

सत्य - बाबू ? अवश्य तिनताक कुनै विशेष।
चिन्ता-वितर्कबिच मस्त रहेछ देश।।
छोडेर नत्र व्यवहार विचार-तत्त्व।
गर्वी धनी किन गुमाउँदथ्यो महत्त्व।।

२९

कलि - झूठा हजूरसित भन्दिन नाथ अैले।
चिन्ता-वितर्कहरू देखिन केहि मैले।।
सेखी थियो फगत भारतमा प्रकाम।
त्यै तोडदा हुन गयो अति धूमधाम।।

३०

सत्य - यो 'धूमधाम' पदले सहसा मलाई।
पाऱ्यो बडो खलबली फिर आजलाई।।
के के उपद्रव गऱ्यौ ? उसमा पछाडी।
सम्पूर्ण त्यो भन यथार्थ तिमी नछाडी।।

३१

कलि - यो धूमधाम पदको इतिहास खास।
लामू छ, छैन अहिले कथनाऽवकाश।।
विन्ती छ मान्यवर ! औसर माफ पाऊँ।
बाटो तताउँ, उठिबक्सनुहोस जाऊँ।।

३२

सत्य - भाई ! जहाँतक जवाफ पुरा दिँदैनौ।
पक्का वहाँतक बिदा तिमि पाउँदैनौ।।
भन्ने कुरा भनिदियैं सब साफ साफ।
जो योग्य हुन्छ गर सोहि, छँदैछ माफ।।

३३

कलि - दाज्यै ! नछोडीकन यो इतिहास सुन्दा।
छाती कडा गरनु पर्दछ वज्रभन्दा।।
यो बातको पनि रहोस जरूर याद
पर्नेछ नत्र पछिबाट महा-फसाद।।

३४

सत्य - छाती न पारिकन वज्र सरी कठोर।
गर्थें म यो विषयमा किन हाय ! जोर।।
बाबू ! मलाइ पनि त्यो छ समस्त याद।
धन्दा नमान परदैन कुनै फसाद।।

३५

कलि - आज्ञा भयो हुन त तैपनि एकवार।
दाज्यै ! हवोस अझ फेरि पनी विचार।।
आखीरमा सुख मिले पनि अदिमा त।
पक्का हुनेछ अति दारुण वज्रपात।।

३६

सत्य - माथै फुटे पनि म सुन्दछु त्यो बयान।
टारेर बात टरदैन अवश्य जान।।
व्यर्थै विलम्ब गरनू अब ठीक छैन।
चाँडो गरी भन सबै, नभनी हुँदैन।।

३७

कलि - जिद्दी बढ्यो हजुरको यसमा बिछट्ट।
लाचार छू, हिँडन पायिन आज झट्ट।।
गर्छू तसर्थ इतिहास सबै बयान।
संक्षेपसाथ, अब लाउनुहोस कान।।

३८

सत्य - रस्ताविषे फजुल गन्थनमा मलाई।
रोक्यो भनेर मनमा नरिसाउ भाई !
वक्तव्य गैह्न भन सुन्दछु बाबु ! जे छ।
आखीरका समयमा लिइ जानु के छ ?

३९

कलि - ब्रम्हाजिले जब भने मनमा दया ली।
वाबू ! गएर गर भारतमा बहाली।।
दाज्यै गएर अनि फारसतर्फबाट।
हेरें सबै भरतखण्ड, भयें उराठ।।

४०

सत्य - टाढै बसी मुलुकमा नपसी बिचैमा।
आँखा उठाइकन केवल हेरदैमा।।
भाई ! भयौ किन तिमी सहसा उराठ।
यै बातको अब लगाउ समस्त फाँट।।

४१

कलि - आनन्दमग्न हठिलो हर एक जात।
मट्टीसमान धन धान्य जवाहिरात।।
दाज्यै ! जहाँ छ उस देशविषे मबाट।
हुन्थ्यो र काम कुन हा ! म न हूँ उराठ ?

४२

सत्य - देखी धनाढ्य उस देशविषे विशेष।
आनन्दपूर्ण दुनियाँ सब हद्द बेस।।
विद्वेष-वह्नि तिमिमा बलदै गयेछ।
पक्का बुझें अति अयोग्य कुरा भयेछ।।

४३

कलि - आफू गईकन दिलाइ नवीन रङ्ग।
पल्टाउनू छ जसको व्यवहार ढङ्ग।।
दाज्यै ! उही छ मदले अलमस्त अन्ध।
विद्वेषको कसरि वेग हवोस बन्द।।

४४

सत्य - देखी गभीर गरिमा उसको विचित्र।
आगोसमान भुसको जलि भित्र-भित्र।।
के के गऱ्यौ त मद तोडनका निमित्त।
हे बाबु ! यो बहुत खायस गर्छ चित्त।।

४५

कलि - तेस्तो अपार धन-धान्य समृद्धि-शाली।
त्यो देश दुःख नपरीकन एक पाली।।
आज्ञाबमोजिम कसै चलदैन पक्का।
भन्ने उठ्यो रिस, दियें उसलाई धक्का।।

४६

सत्य - शङ्का बढ्यो बहुत, छाडन ठीक छैन,
लागूँ चुपै अब भने, मन मानदैन।।
हे वत्स ! हाय ! उस भारतमाथि धक्का।
कस्तो दियौ सकल बात सुनाउ पक्का।।

४७

कलि - "धक्का" यही पदविषे छ भविष्य-घात।
ज्यादा गरेर जसले जलने छ आँत।।
यस्तै भनेर अहिल्यै उसको म नाउँ।
प्रत्यक्ष पारि प्रभुमा कसरी बताऊँ ?

४८

सत्य - यो बातमा हुनगयेछ मबाट भूल।
लाचार भै गरदछू पहिल्यै कबूल।।
झर्को नमान, भन काम उही मनेर।
सीमान्तमा बसि गऱ्यौ जुन झोकियेर।।

४९

कलि - के गर्दथें अरु कुरा, बसि केहि काल।
बाँधी नकाटिशकनू अति उग्र जाल।।
पारें खडा प्रथम हिन्दुविरुद्ध धर्म।
थालें अनी विकट लूट र पीट कर्म।।

५०

सत्य - आफू थियौ कि उसमा तिमि नै गयेका ?
यद्वा थिये अरु कुनै अगुवा भयेका।।
यो बातको गर यथार्थ सबै बयान।
सुन्छू म छातिकन पारि शिलासमान।।

५१

कलि - तातार, भिल्ल, यहुदी, शक, कान्ति नाना।
उन्मत्त जातिहरुलाइ गरी रवाना।।
सम्पूर्ण देश बलपूर्वक त्यो लुटायें।
दाज्यै ! घमण्डकन केहि अनी घटायें।।

५२

सत्य - जम्मा भयेर सब दुष्ट कडा लुटेरा।
घेरा दियेर लुटदा घर-बार डेरा।।
त्यो आर्यजाति बदला लिनका निमित्त।
भाई ! भयेन किन आखिरमा प्रवृत्त ?

५३

कलि - जम्मा लुटेर धन औसर पारि भारी।
डाँकू सबै तरि गयेपछि सिन्धु पारी।।
कस्तै कडा रिस उठे पनि अन्ध हिन्दू।
दाज्यै ! तरोस कुन धर्म-विरुद्ध सिन्धु।।

५४

सत्य - जानै हुँदैन कहिल्यै पनि सिन्धु पारी।
भन्ने सुनीकन भयें म त दङ्ग भारी।।
भाई ! थियेन म छँदा अघि त्यो विचित्र।
चाला चलेछ कहिले उस देशभित्र ?

५५

कलि - आफूविषे अरु कसैतिरबाट बाधा।
केही नदेखि धनमत्त भयेर ज्यादा।।
दाज्यै ! जहाँ मुलुक त्यो चुलियो अपार।
हाल्यो उहीं विविध उग्र निषेध-वार।।

५६

सत्य - संसार-मान्य धनधान्य समृद्ध वेश।
आफू सिवाय नभयेपछि अन्य देश।।
सर्वत्र खूव बढनू परने विशेष।
उल्टा निषेध किन त्यो ? भन यो अशेष।।

५७

कलि - सम्बन्ध मेल गरदा अरु देशसङ्ग।
सर्ला कुनै दिन परस्पर रङ्ग-ढङ्ग।।
भन्ने अघोर डरको जसमा छ खात।
त्यो गर्दथ्यो किन अरूसित छूतछात।।

५८

सत्य - तेस्तो कठोर कुविचार लिई विशेष।
सम्झी समस्त नरकैसरि अन्य देश।।
सम्बन्ध दूर गरनू उनको तमाम।
हो भारतीय जनको पनि निन्द्य काम।।

५९

कलि - तेस्तै कुबुद्धि नभये उस देशभित्र।
तातार भिल्ल यहुदी हुलि यत्र-तत्र।।
तेसै वृथा किन लुटाउँदथे तमाम।
ती स्वर्गतुल्य नगरीकन राम ! राम !!

६०

सत्य - बाबू ! अनन्त नगरी उस देशभित्र।
रत्नाऽऽदिपूर्ण महजूद थिये पवित्र।।
त्यो लूटमा कहिँ परे तिनमा प्रधान।
यद्वा उडे सब तिनी ! गर यो बयान।।

६१

कलि - लूटै प्रचण्ड ठहर्‍यो गणना गरेर।
को लूटथ्यो र ? अहिले म हजूरनेर।।
विन्ती गरूँ यति परे नगरी भनेर।
पाये जती उति लुटे नलगाइ बेर।।

६२

सत्य - तातार भिल्लहरुको उहि लूटपाट।
भाई ! वहाँ परिगयो कि त बिल्लिबाट ?
यो बातमा भन भयेन र साफ साफ।
शङ्का नमान सब दिन्छु कसूर माफ।।

६३

कलि - धोका दिई फगत लूट गरेर मात्र।
हुन्थ्यो कहाँ सुदृढ भारत भिन्न गात्र।।
फेरी बन्यो पलकमा अधिकै समान।
दाज्यै ! कसै सकिनँ तैपनि भित्र जान।।

६४

सत्य - त्यो लूटबाट उस भारतमा विपत्ति।
भाई ! परेन जब आखिर एकरत्ती।।
साह्रै हताश भइ फेरि वहाँ बसेर।
के के गर्‍यौ भन सबै नलगाउ बेर।।

६५

कलि - दाज्यै ! सुटुक्क अनि फूट र वैर लाई।
जाऊ सिकिस्ति गर जल्दि भनी पठाई।।
सम्पूर्ण देशकन आपसमा लडायें।
आफू उहीं बसिबसी थपडी बजायें।।

६६

सत्य - भाई ! थियो अघि कडोरन वर्षसम्म।
जो एकता सकल भारतभित्र टम्म।।
त्यो ऐक्यले विकट फूट र वैरलाई।
रोकी दियेनछ तहाँ किन ! हाइ ! हाई !! ।।

६७

कलि - भाईहरूसँग लडीकन कौरवाऽऽदि।
सम्पूर्णको हुन गयो जहिले समाधि।।
दाज्यै ! उसै दिन उड्यो जड एकताको।
होला विचार प्रभुमा पनि यो कुराको।।

६८

सत्य - सुन्छू यहाँ जतिजती तिमिबाट बात।
भाई ! बुझ्यौ उति उती जलदो छ आँत।।
के सोधनू छ अब तैपनि फूटबाट
के के भयो ? भन दुरुस्त गरी, नढाँट।।

६९

कलि - कम्जोर भो मुलुक, धेर बने रजौटा,
दुर्धर्ष छत्रपति वीर रहेन यौटा।।
साम्राज्यको जड उड्यो, हर एक जाती।
थाले तिखा शर चलाउन बन्धुमाथी।।

७०

सत्य - हौं हामि बन्धु सब, भारत हो स्वदेश।
गर्नू छ के कलह आपसमा विशेष ?
भैगो मिलूँ, बिगडला पछिबाट खेल।
भन्ने कतातिर गयेछ विवेक मेल।।

७१

कलि - लाखौंथरी चलिरहेछन धर्म पन्था।
गामैपिछे दिनदिनै बढदो छ कन्था।।
लाखौं चुलापनि ठुला हर एक जात।
को मेलमा अघि सरोस विवेकसाथ।।

७२

सत्य - त्यस्तो भयङ्कर जहाँ बढ्दोछ फूट।
लक्ष्मी रहन्थिन वहाँ कसरी अटूट।।
हा ! अन्ध ! भारत ! बढेछ कुबुद्धि ज्यादा।
यो बातले मकन भो हुनुसम्म बाधा।।

७३

कलि - दिग्दार मानि मनमा प्रभुबाट नाथ !।
आज्ञा भयो अति मुनासिब यो कुरा त।।
साँचै कुबुद्धि बढदा उसको समस्त।
राष्ट्रीय भाव हुन गो उसबाट अस्त।।

७४

सत्य - पारेर आफुकन मूर्ख समान सादा।
राष्ट्रीय भाव सब शून्य भयेर जाँदा।।
के भन्दथे सकल भारतका विचारी।
बाबू ! म यै सुननमा अब छू तयारी।।

७५

कलि - स्वार्थी भये सब परस्पर वैरभाव।
जम्दै गयो उडिशक्यो अघिको प्रभाव।।
के भन्दथे ति बिचरा ! चुपचाप लागे।
रस्ता खुल्यो अनि समस्त मलाइ आगे।।

७६

सत्य - कस्तै भये तपनि आपसमा विरोध।
केही अवश्य हुनुपर्दछ भित्र बोध।।
बिग्र्यो उसै कसरि त्यो मुलुकै समस्त।
साँचो कुरा गर भयेभरको दुरुस्त।।

७७

कलि - बाँकी थिये नृपति जो बलिया विवेकी।
एकाध योग्य, उनको पनि तोडि सेखी।।
रत्नाऽऽदि देशभरको बरबाद पारी।
ठेलीदियें सब लगीकन सिन्धुपारी।।

७८

सत्य - भाई ! सुनी नशकना इ कुरा सुनेर।
मेरो चरक्क चिरियो सब छाति हेर।।
बाँकी नरेशहरुको पनि सेखि सारा।
तौड्यौ लियेर तिमिले कसको सहारा।।

७९

कलि - लोदी, पठान फिर तूगलमोगलाऽऽदि।
जो जो, थिये यवन घोर विधर्म-वादी।।
दाज्यै ! उनै अघि सरेर गरे तमाम।
आज्ञामुताबिक वहाँ अति उग्र काम।।

८०

सत्य - तात्यो कपाल, मन भो बहुतै उराठ।
सोधूँ कती, कति सुनूँ अभ्फ बिल्लिबाट ?
फेरी पनी हुन गयो कुन उग्र काम।
त्यो दिव्य देशबिच हा ! शिव ! राम ! राम !!

८१

कलि - मै हूँ भनी कडकने बलिया विवेकी।
बाँकी नरेशहरुका शिरमाथि टेकी।।
गद्दी लिये यवनले पिटपाट पारे।
पायेजती मुलुक चूर्ण गरी उजारे।।

८२

सत्य - बोलाउँदा अघि तिमिकन काल-वेला।
पक्का रहेछ, परियेछ अवश्य फेला।।
यो जान्दछू हृदयले, मन मानदैन।
चाँडो गरी भन सबै अब वेर छैन।।

८३

कलि - हिन्दू असाध्य चुटिये, लुटिये तमाम।
देवाऽऽलयादि तक सुन्दर दिव्यधाम।।
मानू मशानबिच भूत-समान दाई।
देशैभरी यवन खूब डटे रमाइ।।

८४

सत्य - दोस्रो महाप्रलयको महिमा समान।
यो घोर बात सुनदा पनि दुष्ट कान।।
भाई ! खडा छ अभ्र क्यै सुनुंला भनेर।
फेरी पनी मन भयेभर एक फेर।।

८५

कलि - आर्तध्वनि क्षणमहाँ भरियो दिशामा।
खोला बगे रगतका घनघोर लामा।।
स्त्री-जातिको तक सनातन धर्म खम्बा।
दाज्यै ! ढल्यो हुन गये सब ती बिकम्बा।।

८६

सत्य - लागीरहेछ रिँगटा, धडकन्छ छाती
बाबू ! मलाइ हुनुसम्म भयो नजाती।।
मूर्छा पनी अब हुनेछ अवश्य जान।
चाँडो गरी सब सुनाउ तिमी बयान।।

८७

कलि - आबाल-वृद्ध वनितातक रैति सारा
पक्री असङ्ख्य उनको नसुनी पुकारा।।
जो जो सुझ्यो उहि गरेर दियेर सास्ती।
थाले निमोठन तहाँ दिनरात ज्यास्ती।।

८८

सत्य - हेरी पुलुक्क मुखमा चुपचाप लागी।
फेरी उठ्यौ किन तुरुन्त बिदा नमागी ?
एकाग्र छू म, सुर पाउँदछू समस्त।
बाबू ! नभाग, भन गैह्र कुरा दुरुस्त।।

८९

कलि - दाज्यै ! कतै कतल-आम कतै छ फाँसी।
मस्जीद बन्दछ कतै शिवलिङ्ग नाशी।।
सारा कतै नगर जल्छ, कतै छ लूट।
यस्तै उपद्रव थियो उसमा अटूट।।

९०

सत्य - आँशू बहे बहुत, कण्ठ सुकेर आयो।
शोकाऽग्निले हृदय भस्म गरी डढायो।।
ज्यादा भयो, बहुत शोधन शक्ति छैन।
संक्षेपमा यवनको भन त्यो कुचैन।।

९१

कलि - विद्याऽऽलयादि सब चूर्ण गराइ ढाली।
आगाविषे सकल पुस्तक पत्र हाली।।
पोलीदिये रिस गरी, सहसा धुवाँको।
मुस्लो उठ्यो, सब उडयो उसमा वहाँको।।

९२

सत्य - हुन्थे मनुष्यहरु ती जसबाट सभ्य।
सारा उनै सकल भूतलमा अलभ्य।।
पोलेपछी विविध पुस्तक-पत्र भाई।
के के गरे यवनले ? भन सो बुझाइ।।

९३

कलि - काटी टुपीकन, झिकी जप सूत्र माला।
सारा द्विजातिहरुका चडकाइ गाला।।
राखी दिये बल गरी शिरमा कुरान।
केही रहेन उनको धन, धर्म, मान।।

९४

सत्य - यस्तो सुनी नशकनू घटना रटाई।
हिन्दूहरूकन थिचेपछि फेरि भाई !
कस्तो भयो स्थिति तहाँ भन जल्दि केही
यै दुर्दशा सुननमा छ तयार देही।।

९५

कलि - गाई छपाछप तहाँ गिँडिये अनेक।
रैती लुके वन पसीकन एक-एक।।
दाज्यै ! उडयो सब कुरा, बलिया मुसल्ले।
प्रेताऽधिराजसरि भारतभित्र हल्ले।।

९६

सत्य - उस्ती पवित्र शुभ भारत भूमिमाथी।
गोघात-पातक र दुर्जनका ति लाती।।
हा दैव ! हाय ! शिव ! हा ! जगदीश ! देव !!
यो बातले मरिगयें म अवश्यमेव।।

९७

कलि - दाज्यै ! विनाहक उसै नरुनू हवोस।
केही गरेर पनि राखनुहोस होश।।
जो जो हुने भइशक्यो, अब चीत खाई।
रोयेर लाभ कुन हुन्छ हजूरलाई ।।

९८

सत्य - गोघातरूप अति दारुण वज्रपात।
यो कानबीच परदा अति कष्टसाथ।।
मूर्छा भयेछ सहसा, समभन्न केही।
काँपी रहेछ अभ्र हेर समग्र देही।।

९९

कलि - गोमेध ता अघि अघी पनि नित्य हुन्थे।
भन्ने कुरा म सबका मुखबाट सुन्थें।।
प्राचीन चाल पनि, त्यो किन वज्रपात।
जस्तो भयो हजुरमा बुभियेन बात।।

१००

सत्य - गोमेधको छ कुन वास्तव गूढ अर्थ
गोमेध यो छ कुन, हाय ! भयो अनर्थ।।
धिक्कार कालगति, यो दुनियाँ समस्त
छाती फुटेर किन जल्दि हुँदैन अस्त।।

१०१

कलि - खाली ती दूतहरुको सुनि काम काज।
यस्तो अत्याहट पर्‍यो प्रभुलाइ आज।।
मेरो चरित्र अझ फेरि कहाँ सुनाऊँ।
दाज्यै बिदा दिनुहवोस म जाइ जाऊँ।।

१०२

सत्य - आईरहेछ अब होश ममा, नजाऊ।
तिम्रो चरित्र पनि सुन्दछु बाबू ! आऊ।।
जो जो भये पनि सहें अघि भैं न ठान।
राज्याऽभिषेकतिरको गर क्यै बयान।।

१०३

कलि - गर्दै थिये यसरि दूतहरू तमासा।
आईपुग्यो शुभ मुहूर्त समीप खासा।।
दाज्यै ! थियेन सरजाम कुनै तयारी।
गोरक्त नै हुन गयो अभिषेक भारी।।

१०४

सत्य - रैतीहरूकन पिसी बलहीन पारी।
तेस्तो सुनी नशकनू अभिषेक भारी।।
के के गऱ्यौ फिर तहाँ परिपाठ भाई !
बाँकी नराखि भन त्यो अहिले मलाई।।

१०५

कलि - दाज्यै ! अकिञ्चन अनाथ उनै बिकम्बा।
रैतीहरू फिर गरी बटुलेर जम्बा।।
थालें जमाउन विचित्र नयाँ प्रबन्ध।
गुप्तै भयेर मुलुकैभर मन्द मन्द।।

१०६

सत्य - लायेर त्यो यवनबाट कठोर मार।
रैती सबै भइशकेपछि लुप्त - सार।।
केको प्रबन्ध अझ फेरि नवीन अर्को ?
लागी शक्यो अब त विघ्न मलाइ झर्को।।

१०७

कलि - कन्या दिनू यवनलाइ, हुनू गुलाम।
सारा छुती समझनू, गरनू सलाम।।
छोडीदिनू विधि-निषेध, लिनू सुबिस्ता।
दाज्यै ! यही बुझनुहोस नयाँ व्यवस्था।।

१०८

सत्य - जातीय भाव सब त्यो यसरी बिकामी।
पारेर लादिकन भारतमा गुलामी।।
फेरी गऱ्यौ कुन कुरा, भन त्यो म सुन्छू।
सुन्दा जती पिर परोस सबै सहन्छु।।

१०९

कलि - दाज्यै ! म के गरदथें अरु काम काज।
ताके बमोजिम मिलेपछि राज-ताज।।
त्यै राज्यकै विषयको गरि इन्तजाम।।
काटीदियें दिन सबै सुखमा तमाम।।

११०

सत्य - कल्पान्तको अनलतुल्य बनेर भारी।
मारेपछी सकल भस्मसमान पारी।।
पैह्रेर ताज कसमा फिर इन्तजाम।
गर्नूपऱ्यो भन खुशीसित यो तमाम।।

१११

कलि - त्यै मारबाट पनि त्यो शठ अन्धजाति।
छोडेन भित्र हठ गर्न अनेक भाँती।।
विस्तार तेहि हठ तोडनका निमित्त।
गुप्तै भयें म फिर शासनमा प्रवृत्त।।

११२

सत्य - तेस्तो प्रबन्ध गरि शासनमा प्रवृत्त।
भाई तहाँ तिमि हुँदा फिर उग्र चित्त।।
मन्त्री थियो कुन महाऽऽशय त्यो बताऊ।
सुन्छू म आज उसको पनि नाउँ गाउँ।।

११३

कलि - दाज्यै ! थिये जुन बडा चतुरा गभीर !
मेरा सहाय अघि फूट र वैर वीर।।
मन्त्री उनै हुन गये, फिर हिन्दुलाई।
थाले गलाउन अनेक छटा रटाइ।।

११४

सत्य - यस्ता तिमी सचिव उत्कट वीर उस्ता।
मिल्दैनथ्यो र किन राज्यविषे सुविस्ता !
भाई ! हुँदाहुन तहाँ अझ एक-एक।
काजी जज-प्रभृति मान्य पनी अनेक।।

११५

कलि - मात्सर्य, लोभ दुइटा हुन मुख्य काजी।
रैती पनी सब थिये उनदेखि राजी।।
दाज्यै ! निशाफ गरने जज बुद्धिमान।
कोही थियेन अरु घूससरी प्रधान।।

११६

सत्य - नाऊँ सुनेर जजको सहसा मलाई।
लागीरहेछ मनभित्र अचम्म भाई !
कस्ता थिये कसरि काम चलाउँथे ती ?
बाबू ! न ढाँटिकन झट्ट सुनाउ तेती।।

११७

कलि - हो दिव्य-मूर्ति उनको मन-मोहकारी।
मुद्दा सबै छिनदथे बहुतै सपारी।।
डाँकू खुनीकन पनी उनले महात्मा।
पारे, थियेन मुलुकै भरमा दुरात्मा।।

११८

सत्य - तिम्रा हितेच्छु चतुरा बलिया प्रधान।
काजी जज-प्रभृतिको सुनियो बयान।।
भाई ! अरू पनि कुनै विजयी विवेकी।
सामान्य मान्य सरदारहरू थिये की ?

११९

कलि - विश्वास-घात, व्यभिचार, कुतर्क, जाल।
ढाँचा, डकैति, छल, दम्भ, झुटो, अकाल।।
इत्यादि लाखन थिये अरु भारदार।
हुन्थ्यो कहाँ यति नभै मुलुकै उजार।।

१२०

सत्य - ती भारदार सचिवाऽऽदि सबै सभामा।
जम्मा भयेर दिनरात मतो हुँदामा।।
सिद्धान्तमा बसदथ्यो कुन नीति सच्चा।
भन्थे बुझीकन सबै कसलाइ कच्चा।।

१२१

कलि - यागाऽऽदि धर्मजति दुःखविना हुँदैन।
त्यो दुःखबाट धनसम्पति पायिँदैन।।
पापै तसर्थ बढिया अरू हो बिकम्बा।
सिद्धान्त यै बसदथ्यो सबबाट जम्बा।।

१२२

सत्य - तेस्ता अलौकिक भयङ्कर भारदार।
द्वारा बढाइकन त्यो मतको प्रचार।।
धर्मस्वरूप तरुमा धसदा कुठार।
के पाउँथ्यौ तिमि हरे ! शिव ! भित्र सार।।

१२३

कलि - तेस्तो कडा नियम त्यो नगरे त फेरी।
धर्माऽभिमान लिइ गम्म परी न हेरी।।
गर्दीन छूत म अरूसित भन्न बेर।
के लाउँथ्यो प्रबल भारत त्यो अटेर।।

१२४

सत्य - तेस्तो अलौकिक गरेर मत-प्रकाश।
त्यो राज्य-भोग गरदा तिनताक खास।।
धर्माऽधिकार-युत राज-गुरू प्रधान।
बाबू ! थियो कुन ? तिमी गर सो बयान।।

१२५

कलि - जो त्र्यक्षरी "चिलिम" मन्त्र छ तेहि मात्र।
आधार एक लिइ भस्म गराइ गात्र।।
लोकोपकार रसले गरने तपस्वी।
बूटा तमाखु गुरुराज थिये यशस्वी।।

१२६

सत्य - जो भारदारहरुको मत हो प्रधान।
त्यो ता सबै गरिशक्यौ अघि नै बयान।।
सिद्धान्त राजगुरुको फिर एकबार।
विस्तारसाथ भन, खूब गरी विचार।।

१२७

कलि - चोखो जुठो सब समान बनीरहोस।
सानू ठुलो भनि विचार कुनै नहोस।।
सिद्धान्त यै सकलमा गुरुले बसाये।
विद्वान् गुणीकन पनी नलिमा फसाये।।

१२८

सत्य - ढाँचा बुझें गुरुजिको अबलाइ सिर्फ।
मेरो छ यो हृदय उत्सुक सैन्यतर्फ।।
बाबू ! तसर्थ अब पल्टनको व्यवस्था।
सारा सुनाउ जसबाट लियौं सुबिस्ता।।

१२९

कलि - दारिद्रय रोग दुइ उत्कट सैन्य मेरा।
दाज्यै ! गरेर उस भारतभित्र डेरा।।
फैलाउँदै चतुरतासँग लाल आँखा।
भन्काउँथे सकलका मुखमाथि माखा।।

१३०

सत्य - धन्वन्तरि प्रभृतिका अघिका पुराना।
पीयूष-तुल्य रस औषधिकल्प नाना।।
वाबू ! कतातिर गये र कडा कराल।
त्यो व्याधिको जड जम्यो उसमा विशाल।।

१३१

कलि - गर्थे भने जिजुहरू अघि वैद्य-काज।
मूर्खै खनाति पनि बन्दछ वैद्य-राज।।
जो जो सुझ्यो उहि गयो रुपयाँ निकाल्यो।
रोगी मऱ्यो कुपथको निहुँ पारि टाल्यो।।

१३२

सत्य - निद्रा, विहार, गति, भोजन, काज काम।
राखी सदा नियमित स्थितिमा तमाम।।
आरोग्य-पालन गरे किन रोग हुन्थ्यो।
यो बातलाइ दुनियाँकन कौन थुन्थ्यो ?

१३३

कलि - काढी तरक्क पसिना दिनरात डोको।
बोके पनी उदर-गर्त रहन्छ भोको।।
पायो जहाँ जसरि जो सब त्यो चपायो।
निस्क्यो उपद्र अनि भीषण रोग आयो।।

१३४

सत्य - आँखा छली तिनि दुवै दलबाट उम्की।
आत्माऽभिमान लिइ उन्नतितर्फ लम्की।।
कोही बढ्यो कि ! अथवा दुनियाँ समस्त।
त्यै सैन्यले गरिदियो चुपचाप अस्त ?

१३५

कलि - दारिद्र्य रोग दुइ लाइ दियेर लात।
उम्की अली पर पुगे पनी फूर्तिसाथ।।
आलस्य अैश गढि काटनमा समर्थ।
कोही थियेन किन सोधनुहुन्छ व्यर्थ !

१३६

सत्य - आलश्य अैश गढिका दुइटा कुराको।
रक्षा गरेर रहने बलियो मजाको।।
हाकीम हो कुन ! तिमी उसको तमाम।
विस्तारसाथ भन काम र नामधाम।।

१३७

कलि - दाज्यै ! उनै परमवृद्ध पवित्र-नामा।
धर्माऽधिकारि गुरु नै दुइटा-कुरामा।।
ढाँचा गरी घुमदथे दिनरात नित्य।
सो सम्झि दङ्ग अझसम्म हुँदैछ चित्त।।

१३८

सत्य - हे बाबु ! वृद्ध गुरुको कुल काम नाम।
सिद्धान्त-पूर्ण मत याद भयो तमाम।।
बाँकी छ नाम गुरुमा गुरुपुत्रको त।
विस्तारसाथ भन सो पनि कौन हो त !

१३९

कलि - "तन्द्रा" पवित्र गुरुमा गुरुकी पियारी।
साथै सदैव रहने मन लट्ठ पारी।।
दाज्यै ! सुयोग्य गुरुपुत्र थिये "तरङ्ग"।
दिन्थे सबैकन उनी हर एक रङ्ग।।

१४०

सत्य - तेस्ता प्रबन्धसित राज्य ठुलो जमाई।
त्यो दीन भारतविषे बसदा रमाई।।
रानीहरू पनि थिये कि कुनै पियारी !
यै बातमा छ अब उत्सुक चित्त भारी।।

१४१

कलि - झिल्के बडी नरखटे रसकी भकारी।
रानी थियी "कुमति" नामक मुख्य प्यारी।।
दाज्यै ! उसैसँग गरी दृढ अङ्कमाल।
काटें निरन्तर सुखैसित गैह्र काल।।

१४२

सत्य - तेस्ती प्रिया कुमतिका वशमा परेर।
आनन्दसाथ गरदा रस-रङ्ग धेर।।
निर्धा प्रजा जकडने व्यवहारलाई।
बाधा त केहि तिमिलाइ परेन भाई !

१४३

कलि - प्यारी लिई सँगसँगै गरदै चरित्र !
घुम्थें म नित्य सबका घर भित्र-भित्र।।
दाज्यै ! थियेन दुनियाँहरुलाइ पत्ता।
गुप्तै रहेर सब तोडदथें म सत्ता।।

१४४

सत्य - वैराऽऽदि वीरहरुबाट विचित्र जाल।
बाँधी प्रिया कुमतिको गरि अङ्कमाल।।
त्यो राज्यभोग गरदा सुखसाथ जाती।
छोरा पनी हुन गये कि अनेक भाँती।।

१४५

कलि - चोरी, विहोश, मद, वञ्चन, रण्डिबाजी।
दम्भाऽऽदि पुत्रहरु पाइ थियें म राजी।।
नातीहरू पनि भये बदनामि, शोक।
धिक्कार आदि भरियो अनि गैह्र लोक।।

१४६

सत्य - तेस्ता विचित्र परिवार तयार पारी।
आनन्द-भोग गरदा मुलुकै उजारी।।
भाई ! बताउ दरबार कहाँ बनायौ ?
पक्का हुकूम दुनियाँकन के सुनायौ ?।।

१४७

कलि - जूवा, सुवर्ण, झगडा, मदिरा इ चार।
दाज्यै ! अपार दरबार थिये तयार।।
भन्थें सबैकन वहाँ बसि एकनास।
थामीरहू जसरि हुन्छ अभागि सास।।

१४८

सत्य - जूवा, शराबहरु ती बहुतै खराब।
उन्मादक व्यसनको परदा प्रभाव।।
रैती तिमीसित भये कि ? कुनै विरक्त।
यद्वा थिये सकल निर्मल राज-भक्त।।

१४९

कलि - जूवा, शराबहरुमा धनधान्य पोली।
दाज्यै ! जहाँ लिनुपऱ्यो चिमटा र झोली।।
व्यर्थै वहाँ रिस गरेर उठोस कौन।
मुर्दासरी सब भये दुनियाँ ति मौन।।

१५०

सत्य - रैती सबै भइ शकेछन भीख माँगी।
खाली भुँडी भरिलिने बिचरा अभागी।।
सोधूँ म फेरि उनको शुभ बात कौन ?
बाँकी रहेन अब हाय ! सिवाय मौन।।

१५१

कलि - झोली जहाँ लिनु पऱ्यो ! भनने त खाली।
हो दैन्य-सूचक निकृष्ट पद-प्रणाली।।
फोरे पनी शिर गई घरका नजीक।
को पाउँथ्यो शिव ! हरे !! तिनताक भीख।।

१५२

सत्य - भाई ! यहाँ जति कुरा विनती चढायौ।
छाती भसक्क उतिले तिमिले डढायौ।।
भिक्षा पनी नमिलने कुन हेतुले हो !
त्यो आदि कारण सुनाउ मलाइ जे हो।।

१५३

कलि - उर्लीरहेछ "रजिया" फिर मालपोत।
पुग्दैन खान पनि जत्ति जमीन जोत।।
हेऱ्यो जतातिर उही छ बडो भिखारी।
को दिन्छ भीख अनि आफनु पेट मारी !

१५४

सत्य - सम्पत्तिको धुकुटि शून्य भई उडोस।
आफैं मरोस बरु भिक्षु वृथा नहोस।।
भन्ने महर्षिहरुका उपदेशचाहीं।
गर्दैनथे कि जन कोहि विचार काहीं।।

१५५

कलि - तेस्ता ति दान गरने सब बात लुच्चा।
पाये दिने पनि थिये ऋषिलाइ घुच्चा।।
आफू मरेपछि त डूम बनोस राजा।
ढाँटी छलीकन उडाउनु लड्डु खाजा।।

१५६

सत्य - कुत्ता पनी सहज शक्तछ पेट भर्न।
खाना नपाइ कहिल्यै शकदैन मर्न।।
पाई मनुष्य जुनि कौन भयो विशेष !
धिक्कार ! हीनमति ! भारत ! दीन-देश !

१५७

कलि - शास्ता कडा यवन राज, सुनाइ छैन।
हिन्दू भनेपछि अघोर कसिन्छ ऐन।।
खाली हुनू छ भरिया, लिइ मौन भेष।
निस्कोस मर्त्यजुनिको कसरी विशेष ?

१५८

सत्य - जो जो भन्यौ सुनि लियें सब त्यो व्यवस्था।
कत्ती भयेन तर चित्तविषे सुविस्ता।।
के सोधनूछ बदली शकियेछ ढाँचा।
भाई ! कतै छन कि तैपनि कोहि साँचा ?

१५९

कलि - धोका दिईकन सुटुक्क उघारि ढोका।
पारेर टापटिप बाँधि अनेक पोका।।
चोरी गरेर हिंडने जनका हजारौं।
साँचा पनी छन कती विनती म पारौं।।

१६०

सत्य - आखीरमा त यमले सब लेखि लेखी।
गोता दिनेछ भनि कत्ति पनी न देखी।।
रैतीहरू ति किन चोरनतर्फ लागे।
धर्मोपदेश कसरी सब दूर भागे ?

१६१

कलि - दुर्भिक्षको छ बढती, उबजा हुँदैन।
हड्डी पिसे यवनले, गति केहि छैन।।
आगो बल्यो हृदयमा रहँदैन होश।
चोरीसिवाय दुनियाँ अनि के गरोस ?

१६२

सत्य - यागाऽऽदि कर्मतिर केहि बढाइ राग।
इन्द्राऽऽदि देवहरूलाइ चढाइ भाग।।
दुर्भिक्ष भारकन टारनमा समर्थ।
कोही थियेन कि हरे ! किन भो अनर्थ ?

१६३

कलि - दाज्यै ! अनन्त धन सम्पतिमाथि सारा।
चम्केपछी यवनको दिन रात मारा।।
यागाऽऽदि कर्म गरने कुन भीखमङ्गा ?
हिन्दू थिये सकल हीन अनाथ नङ्गा।।

१६४

सत्य - श्रद्धासमेत जल चन्दन धूपबाती।
पाये पनी खुश हुँदा हुन देवता ती।।
त्यो बात मालुम थियेन कि लोकलाई ?
रोकीदिये यवनले अथवा रिसाई !

१६५

कलि - तेस्ता कडा यवन ती धनका भकारी।
कर्मिष्ठ हामि सब हाय ! भयौं भिखारी।।
के पायियो अब शिलाहरु पूजनाले।
यै बोलि हिन्दुहरु बोलन लागिहाले।।

१६६

सत्य - छोडी सबै तरहबाट फलाभिलाष।
कर्मैं सदा गरदथ्यो जुन जाति खास।।
त्यै आर्य जाति शिव हा ! धनका निमित्त।
तेस्तो अवाच्य तक बोलनमा प्रवृत्त !

१६७

कलि - स्वाधीनता-मणि अमूल्य जहाँ रहन्छ।
दाज्यै ! वहाँ विधि बमोजिम कर्म हुन्छ।।
दासत्वमा लय भयेपछि गैह्र सत्त्व।
निष्काम कर्मतिरको कुन सुन्छ तत्त्व।।

१६८

सत्य - दुर्दैवको छल बुझी ध्रुव झैं उठेर।
जे हुन्छ होस भनि जङ्गलमा गयेर।।
भाई ! भयेन कि कुनै तपमा प्रवृत्त ?
दासत्वको जड उखाड्नका निमित्त।।

१६९

कलि - मेरी प्रिया 'कुमति' को छ कडा मनाई।
फर्काउँछे 'विषय-लम्पटता' फुल्याई।।
हेरीरहेछ 'अविवेक' पुलीस दाऊ।
दाज्यै चलोस कसरी वनतर्फ पाऊ।।

१७०

सत्य - ली ब्रह्मचर्यकन पच्चिस वर्षसम्म।
पारी तपोबल र वीर्य शरीर टम्म।।
सामर्थ्यबाट परमेश्वर सम्मलाई।
थर्काउने चलन शून्य भयो कि भाई ?

१७१

कलि - आयुष्य भो सकल पच्चिस वर्ष खाली।
साध्यै थियेन अघिका ति कुरा समाली।।
सानै भये पनि पुग्यो जब आठ वर्ष।
भैगो तुरुन्त तरुणीजन देखि हर्ष।।

१७२

सत्य - सानै छँदा गुरुजिका घरमा पढाई।
विद्या विचार तपमा शिशुवर्गलाई।।
लाईदिये किन शये नपुगी बिचैमा।
तेस्तो गरी मरदथे सब पच्चिसैमा ?

१७३

कलि - छोरो छ वर्ष नहुँदै मिलदी बुहारी।
खोजी विवाह नगरे सब ठीक्क पारी।।
माता पिताऽऽदि सबको बदनामि हुन्छ।
लोकाऽपवाद ननिको अनि को सहन्छ ?

१७४

सत्य - हूँ हामि को ? किन भयो अहिले विवाह।
यै बात छैन जुन दम्पतिलाइ थाह।।
तेस्ता अजानकन आपसमा भिडाई।
के लाभ हुन्छ दुनियाँकन हाइ ! हाइ !!

१७५

कलि - देख्यो जहाँ अलिकती शिशुता हटेकी।
कन्या तहाँ यवन लम्पट निर्विवेकी।।
थाले कडा नजर लाउन यै निमित्त।
हिन्दू भये शिशु-विवाह विषे प्रवृत्त।।

१७६

सत्य - तेसो भये त बरबाद भये प्रजाती।
यो बातमा त हुन गो बहुतै नजाती।।
तेजी बढालु बलियो भरिलो जवान।
निस्केन निश्चय कुनै अधिको समान।।

१७७

कलि - सेखी सवारिबिच गज्ज परी चढेका।
आफैं मपाइँ भइ खूब गरी बढेका।।
दाज्यै ! थिये जनहरू तिनताक ज्यादा।
कोही बढेन कि भनेर नहोस बाधा।।

१७८

सत्य - नेता कडा यवन ती, सब देशबन्धु।
भोकै रुने धुरु-धुरु झिकि अश्रु-बिन्दु।।
तेस्ता ति दुर्दिनविषे पनि गज्ज गम्की।
देखाउनू किन हरे ? कसलाइ धम्की।।

१७९

कलि - दोचार कौडि जसको ढुकुटिविषे छ।
त्यो लोकमान्य जनलाइ विचार के छ ?
इन्द्रै पनी तृणसरी उसका अगाडी।
यै गर्वले बसिदियो मुलुकै बिगारी।।

१८०

सत्य - आखीरमा सकल सम्पति भोग चैन।
छोडी चटक्क सबले नगई हुँदैन।।
राखूँ सबैसित सदैव सहाऽनुभूति।
भन्ने कतातिर गयेछ पवित्र नीति।।

१८१

कलि - यस्तो गरे यति भयो, अब यो गरे त।
पायिन्छ तेस जनको घरबार खेत।।
यै तर्कले हृदय नित्य बिगारिदिन्छ।
को बन्धुमाथि अनि कोमल भाव लिन्छ।।

१८२

सत्य - लाखौं ठुला लखपति क्षणमा गयेको।
कर्माऽनुसार यश दुर्यश फैलियेको।।
देखेपछी फिर लिनू किन क्षुद्र-भाव।
कस्तो कडा विकट तामस त्यो स्वभाव !

१८३

कलि - पैसाविषे सकलको ममता छ ज्यादा।
जान्दैन कोहि यश दुर्यश मृत्यु बाधा।।
जे हुन्छ होस धनको मुख हेर्न पाये।
देवाऽधिदेव सबका मनका रमाये।।

१८४

सत्य - पारी कठोर मन निर्दय भाव पाली।
हेरेर नित्य धनको मुखमात्र खाली॥
लानू थियो र सँगमा कुन वस्तुसार ?
हुन्थ्यो हिरिक्क दुनियाँ उसमा अपार॥

१८५

कलि - उल्टा भने पनि सबै हुन जान्छ सुल्टा।
पायिन्छ हान्न अरुका मुखमा अघुल्टा॥
सित्तैं दरिद्र जन धाउँछ राखि आश।
यै हो यथार्थ धनसञ्चयको सुवास॥

१८६

सत्य - तेस्तो भयेपछि धनी-जनको विचार।
दुःखी दरिद्रहरूको व्यवहारभार॥
के थामियोस कसरी उनको समाज।
सुध्रोस, हाय ! कसबाट बचोस लाज॥

१८७

कलि - गम्कन्छ एकतिर एक फरक्क फर्की।
दोस्रो लमक्क लसकन्छ तरक्क तर्की॥
तेस्रो म पो प्रबल छू भनि गज्ज पर्छ।
चोथो मनैमन जलीकन कोप गर्छ॥

१८८

पाचौं मपाइँ म पनी कम छैन भन्छ।
छैठौं कुनातिर गयेर फुली रहन्छ।।
स्वार्थै थियो सकलका शिरमा सवार।
को गर्दथ्यो अघि सरेर परोपकार !

१८९

सत्य - धर्मज्ञ योग्य उपदेशक वृद्ध पाका।
जम्मा भई कचहरी गरि खोलि आँखा।।
कर्तव्यहीन सब ती शठ अन्धलाई।
सम्झाउने चलन लुप्त थियो कि भाई।।

१९०

कलि - अन्धा भये सब चढयो कुविचार फूर्ती।
सारा उडे कचहरी उपदेश अर्ती।।
गुण्डाहरू फगत गुप्त सभा-कुमेटी।
गर्थे लुकीकन फकाउनलाइ बेटी।।

१९१

सत्य - घाँटीविषे यवनको अति घोर फन्दा।
कर्तव्यको हृदयमा नहिँ केहि धन्दा।।
गुण्डा बनेर हिँडने अझ मूर्ख अन्धा।
होलान कौन अरु भारत-वासि भन्दा।।

१९२

कलि - भाँडा-कुँडा झिटिमिटि सब बेच-भाँच।
पारी थपक्क रुपयाँ लिइ चार-पाँच।।
रण्डीहरुसित गई न फसे त दाई।
को गन्दथ्यो पुरुषमा फिर तेसलाई !।।

१९३

सत्य - हा दैव ! हाय ! शिव ! हाय ! जहाँ अनेक।
विद्वान् सदा गरदथे श्रुतिको विवेक।।
त्यै देशका सब उनै जन सर्वनाशी।
मूर्खाऽतिमूर्ख विचरा कुलटाऽभिलाषी ?

१९४

कलि - आयो जहाँ यवनरूप कराल आँधी।
दाज्यै ! वहाँ सब उडे निगमाऽऽगमादि।।
खाली थियो यवन-पाठ्य कुरानमात्र।
मिल्दैनथे गुरु-कुलस्थित विप्र छात्र।।

१९५

सत्य - उस्तो हिमाऽचलसरी दृढ दुर्निरीक्ष्य।
धर्माऽऽदि दिव्य-फल शोभित वेद-वृक्ष।।
निर्मूल भैकन सबै कसरी उडेछ ?
धिक्कार काल-गति उग्र कुरा भयेछ।।

१९६

कलि - भिक्षा जहाँ छ अति दुर्लभ, छैन शिक्षा।
हुन्थ्यो वहाँ कसरि उन्नत-वेद-रक्षा।।
आखीरमा चलि गयो उसमा प्रहार।
पाखण्डशास्त्रहरुको दृढ दुर्निवार।।

१९७

सत्य - त्यै वेदका भर परी जगतै अनित्य।
देखेर मोक्ष-पथ माथि झुकाइ चित्त।।
आनन्दसाथ रहने अति दूरदर्शी।
कस्ता भयेहुन कठै ! सब ती महर्षि।।

१९८

कलि - पाली कपालकन बेसरि भस्म धारी।
'बच्चा ! खिला शिवबुटी' भनि ठीक पारी।।
लाटा सुधाकन ठगी हिंडने ठगाह -
बाहेक सिद्ध मुनिको त थियेन थाह।।

१९९

सत्य - लाई ललाटभर भस्म, जटा जुटाई।
भिक्षा गरेर फिरने सब सिद्धलाई।।
भाई ! भन्यौ किन विना हकमा ठगाह !
यो बातले मकन हुन्छ अघोर दाह।।

२००

कलि - भट्टीविषे छ अखडा, पिउनू छ प्याला,
जोडिन्छ राति कुलटासित टप्प गाला।।
तेस्ता ति सिद्ध सब केवल भस्मधारी।
लुच्चा ठगाह नभये हुन के विचारी ?

२०१

सत्य - ज्ञानी तपः - प्रबल यो सब भस्म गर्ने।
सामर्थ्यले सहित कालसमेत डर्ने।।
उस्तो महर्षिहरुको उहि भेष हाय !
भाई भयो त ठगको ठगने उपाय ?

२०२

कलि - कोही भये ति सबमा दुइ चार सिद्ध।
दाज्यै ? म छैन तिनको कहिल्यै विरुद्ध।।
ज्यादा गरी तर अयोग्य ठगाहमात्र
बन्थे महर्षिकृत भेष लिई सुपात्र।।

२०३

सत्य - तेस्ता ति सन्तहरुको गुण-गान चाहिँ।
भैगो कदापि सुननू नपरोस काहीँ।।
बाबू ! गृहस्थहरुमा, बरु वेदवाद।
बाँकी कतैतिर थियो कि ? गराउ याद।।

२०४

कलि - खाली जनै पहिरने महिमा सिवाय।
बाँकी थियो र उनमा पनि कौन हाय !
छोड्यो लवेद नबुझ्ने दिन लोक कौडी।
बोकोस दुःखकन को श्रुतितर्फ दौडी ?

२०५

सत्य - स्वध्याय, तर्पण, जपाऽऽदिक पञ्च यज्ञ।
कर्त्तव्य जानि दिनहूँ गरने विधिज्ञ।।
विद्वान् गृहस्थ जन छैन कि कोहि भाई ?
तेसै उड्यो कसरि हा ! श्रुतिको पढाई।।

२०६

कलि - दाज्यै ! बजाइकन केवल पञ्च-पात्र।
चौवीश वर्णकन सम्झनुसम्म मात्र।।
बाँकी कहीं कहिँ थियो श्रुतिसिद्ध काम।
नामाऽवशेष हुन गो अरु ता तमाम।।

२०७

सत्य - यो बातले अलि अली अहिले मलाई।
आई रहेछ मनमा सुख शान्ति भाई।।
चौवीश अक्षर भला दिनहूँ त्रिकाल।
सम्झे पनी किन हटोयिन दुःख जाल।।

२०८

कलि - दाज्यै ! अहो !! अझ पनी प्रभुमा त्रिकाल।
सन्ध्याऽऽदिको स्मृति छ, पाउनुहुन्न चाल।।
तेस्तो भये किन जनै भिरनू सिवाय।
निःशेष भो सब कुरा भनुँला म हाय !!

२०९

सत्य - भाई ! अवश्य नगरी नहुने प्रधान।
अन्त्येष्टि फेरि दशकर्म र पिण्ड दान।।
इत्यादिको गति थियो कुन तेस ताक।
यद्वा थिये ति सब वेदविना विमाख।।

२१०

कलि - मन्त्राऽर्थ छन्द विनियोग र सूर सार।
ऋष्याऽऽदिको सकल शून्य थियो विचार।।
हुन्थे सबै फगत कर्म हतौडिबाट।
हेरी लिये सब विधान थियो उराठ।।

२११

सत्य - सोध्यो जती समय खर्च गरी अमूल्य।
उत्ती मरुस्थल विषे छ दवाऽग्नि तुल्य।।
वेदान्तको अझ तहाँ गति के हुँदो हो।
कस्तो गरी कुन कुनाबिच त्यो रुँदो हो ?

२१२

कलि - एकै छ ब्रह्म सबमा परिपूर्ण भन्ने।
धेरै थिये, जुटदथे सब लोक सुन्ने।।
दाज्यै ! परन्तु व्यवहार विचार गर्दा।
कालो थियो सकलका मनभित्र पर्दा।।

२१३

सत्य - वेदान्तका विषयमा तिमिले मलाई।
"पर्दा थियो" भनि कह्यौ जुन बात भाई !
विस्तारसाथ म सुनूँ उसको बयान।
सारा खुलस्त गर, कत्ति भिँजो नमान।।

२१४

कलि - छाती छ वज्रमय, धर्म छ खूब टाढा।
देहाऽभिमान ममता बढदो छ गाढा।।
पैसा कतै दिनुपरे पसिना बहन्छ।
ब्रह्मै छ पूर्ण सबमा मुखले कहन्छ।।

२१५

सत्य - भो भो भयो पुगिशक्यो सब घाँटिसम्म।
वेदान्तले म हुनुसम्म भयें अचम्म।।
योगाऽऽदि दर्शनविषे बरु केहि सत्ता।
भाई ! भये भन सुनूँ उसको म पत्ता।।

२१६

कलि - योगी जहाँ छिपिशके सब काल-चक्र।
देखी सही नशकनू घनघोर वक्र।।
योगाऽऽदिको फिर वहाँ कुन हुन्छ पत्ता।
दाज्यै ! भये सकल ती सहसा विपत्ता।।

२१७

सत्य - वेदान्त वेदहरुको गति त्यो सुनेर।
भाई ! भयें अधमरासरिको म हेर।।
केही भये अब कतै स्मृतिको प्रचार।
चाँडो गरी जलन यो मनको उतार।।

२१८

कलि - दाज्यै ! उही शुभ सनातन दिव्य वेद।
हो धर्मशास्त्रहरूको पनि मुख्य फेद।।
तेही ढलेपछि कहाँ उनको प्रचार।
हुन्थ्यो सबै भइशके खतडा असार।।

२१९

सत्य - आचार दण्ड नियमाऽऽदिक काम सारा।
कोही नभैकन शुभ स्मृतिको सहारा।।
भाई ! वहाँ चलदथ्यो कसरी प्रजाको।
सच्चा जवाफकन द्यौ अब यो कुराको।।

२२०

कलि - आचारको भइशक्यो अघि नै विचार।
दण्डाऽऽदिको विनति गर्दछु मुख्य सार।।
कानून हो यवनको जुन कालरूप।
हुन्थ्यो प्रचण्ड उहि माफिक दण्ड खूप।।

२२१

सत्य - नाना-प्रकार इतिहास-कथा-पुराण।
त्यो दिव्य वेद-तरुका फुलले समान।।
कस्ता भयेहुन कठै ! जड काटिँदामा।
रोईरहेछ मन त्यो सब सम्झदामा।।

२२२

कलि - अल्पज्ञ छट्टु कविले सब अण्ड-बण्ड।
पारी कथाहरू भिकीकन खण्डखण्ड।।
उल्था गरी हरिदिये उनको महत्त्व।
केही रहेन तिनमा पनि सार - सत्त्व।।

२२३

सत्य - व्यासाऽऽदिका कठिन मार्मिक गूढ बात।
वाबू ! यथार्थ नबुझीकन एक जात।।
व्यर्थै पुराण महिमा बरवाद पारी।
हुन्थ्यो हरे ! कविजिको कुन मान भारी।।

२२४

कलि - मानै लिने मन हुने कविले त दाई।
वीराऽऽदि आठ रसचाहिँ सबै पचाई।।
शृङ्गारमै धसनु पर्दछ नित्य चित्त।
गुण्डाहरूकन खुशी गरना निमित्त।।

२२५

सत्य - भाई ! कठै !! जुन समाज गला शुकाई।
लागीरहेछ रुन गाँस र वासलाई।।
शृङ्गार हास्यहरूले उसको भलाई।
के हुन्छ धन्य कविजीहरु हाइ ! हाई !! ।।

२२६

कलि - हाँसी किताब पढदा अति चाख मानी।
कोही रसातल पुगे पनि के छ हानी।।
जो हुन्छ होस कविजीकन मुख्य खाली।
चाहिन्छ दीन दुनियाँ ठगने प्रणाली।।

२२७

सत्य - वाबू ! कवित्व कविको बुझियो तमाम।
भैगो न ल्यौ ति कविको अब फेरि नाम।।
सुन्छू म तन्त्रतिरको बरु केहि हाल।
साँचो कुरा भन, नपार यसै हवाल।।

२२८

कलि - जादू टुना र मुहुनी फिर फूक-फाक।
इत्यादिमा अलिकती जुन भो चलाक।।
दाज्यै ! उही परमतान्त्रिक हो भनिन्थ्यो।
त्योदेखि भिन्न अरु तान्त्रिक कौन हुन्थ्यो ?

२२९

सत्य - भाई ! प्रचण्ड जुन तान्त्रिक मार्गबाट।
हुन्थे अकिञ्चन समेत महाविराट।।
त्यै मार्गको किन हरे ! शिव दुर्दशा त्यो।
के सोधनू, मगज आज असह्य तात्यो।।

२३०

कलि - तेस्तो महत्त्व परिपूर्ण कुनै पुरानू।
चाला कतैतिर भये किन चोर्नु मानू।।
हुन्थ्यो कठै ! शिव हरे !! मुलुकै तमाम।
हड्डी-पिसा यवनका पदको गुलाम।।

२३१

सत्य - श्रोतव्य गैह्र सुनियो मन भो भरङ्ग।
भाई ! भयेछ सब भारतवर्ष भङ्ग।।
देखिन्न केहि पनि जीवनको उपाय।
हिन्दु डुबेछन हरे ! शिव ! हाय ! हाय !! ।।

२३२

कलि - सानै भये पनि गईकन बाबु नेर।
'लौ अंश देउ' भनि झट्ट खडा भयेर।।
नाना-प्रकार झगडा गरनू सिवाय।
साँचै थियेन अरू जीवनको उपाय।।

२३३

सत्य - माता पिता परम पूज्य पवित्र जानी।
आज्ञा शिरोपर गरेर झिँजो नमानी।।
सेवा सदैव उनको गरने प्रबन्ध।
भाई ! कतातिर गयो र भये ति अन्ध।।

२३४

कलि - "सासू नजाति" भनदै दुलही नवीन।
आई जहाँतलक काखविषे घुसीन।।
मातापिता सब ठुला उहिँसम्मलाई।
प्यारी मिलेपछि त पूछनि छैन दाई।।

२३५

सत्य - चुक्ली सुनी युवतिको निज जन्म दाता।
माता-पितासित पनी सब तोडि नाता।।
'द्यौ अंश झट्ट' भनने ति कपूतलाई।
लज्जा थियेन कि अलीकति केहि भाई !

२३६

कलि - बाँधा बसेर गहना दिनुहोस नाथ !
भन्छे प्रिया यदि भने पनि खुशिसाथ।।
मन्जूरि नै गरदथे अरू बात लाई।
केको ति जोइटिँगरेकन लाज दाई।।

२३७

सत्य - सम्पूर्ण जन्म जसले सँगमा रहेर।
काटीलिनू छ सुख दुःख सबै सहेर।।
तेस्तो अवाच्य भनली कसरी उसैले।
यो बात निश्चय पत्यायिन वाबु ! मैले।।

२३८

कलि - जे हुन्छ होस गहना नदिये त नाथ।
जान्छू म माइत अवश्य, रहन्न साथ।।
भन्ने कुरा गरनमा चुकदीन नारी।
पक्का छ यो, कसम खान म छू तयारी।।

२३९

सत्य - अर्धाऽङ्गिनी म इनकी सुख दुःख जो छ।
भोगौं दुवै सँग बसीकन यै निको छ।
भन्ने विचार नगरी गहना निमित्त।
स्त्रीले पनी किन हुनू हठमा प्रवृत्त।।

२४०

कलि - दाज्यै ! छ वर्ष नहुँदै घरमा गयेकी।
शिक्षाविहीन बिचरी पशुझैं भयेकी।।
स्त्रीलाइ खालि गहना-कपडा-विवाद।
बाहेक होस कुन दम्पतिधर्म याद।।

२४१

सत्य - तेस्ती अशिक्षित छुची छिचरी घमण्डी।
ओठे जवाफ गरदी झगडालु चण्डी।।
अर्धाऽङ्गिनीसित बसीकन राम ! राम !
दुःखी गृहस्थ कुन गर्दछ काज काम ?

२४२

कलि - पैसा भये अलिकति, पिटपाट पारी।
भुत्ल्याइ केश कपडा गहना उतारी।।
'लौ राँड जा अब' भनेर निकालिदिन्छ।
निर्धो भये सब सही पदमा नुहुन्छ।।

२४३

सत्य - यस्तै अशिक्षित छ यो यसका निमित्त।
सम्झाउँ युक्तिसित दम्पति-धर्म तत्त्व।।
भन्ने विचार नगरी पिटपाट पारी।
फालीदिनू किन ! कठै ! जनमै बिगारी।।

२४४

कलि - तारुण्य-भोगतिरको महिमा सिवाय।
गर्थ्यो विचार कुन त्यो सब हाय ! हाय !!
खाली नवीन रमणीजन-संग पाये।
सौभाग्यका सुदिन पूर्ण गरी उदाये।।

२४५

सत्य - विद्या न ता, न महिमा, न तमाम धर्म।
पैसा न ता, न त बुता, न त बुद्धि, शर्म।।
दाम्पत्य-शान्ति न कतै न त चाल रम्य।
साह्रै डुबेछ उसको सुख-तारतम्य।।

२४६

कलि - यस्तै विवाद परला प्रभुमा पछाडी।
भन्ने कुरा हृदयले अघिबाट ताडी।।
बाटो तताउँ भनदा हुन गो रिसानी।
दाज्यै ! वृथा किन रुने अब दिक्क मानी।।

२४७

सत्य - सोधें तिमीसित यहाँ हर एक-फेर।
सन्देश बेस जसको सुनुँला भनेर।।
त्यै देशको सब सुनीकन दुर्दशा यो।
सन्तापले हृदय खूब गरी सुकायो।।

२४८

कलि - के गर्नुहुन्छ उसले समयाऽनुसार।
कत्ती पनि नगरदा स्थिति फेरफार।।
खाली घमण्डकन तोडनलाइ मैले।
गर्नूपर्‍यो सकल दुर्गति त्यो क्रमैले।।

२४९

सत्य - बाबू बनेर उसमाथि दयालुतुल्य।
बोल्यौ मिठा वचन यो अहिले अमूल्य।।
साँचै उठ्यो कि तिमिमा लहरि दयाको।
देखेर त्यो विकट दुर्गतिमा गयाको।।

२५०

कलि - तेस्तो भयङ्कर अवस्थिति देखदामा।
पग्लन्छ वज्र पनि निश्चय पर्छ धामा।।
दाई म ता हजुरको कसरी समर्थ।
हुन्थें गरीरहनलाई सधैं अनर्थ।।

२५१

सत्य - यत्ती मलाई अहिले तिमिले भनेको।
बोली सुनेर, मन हेर खुशी बनेको।।
निस्के अवश्य अब सुन्दर बात भाई।
चाँडो बताउ पछिको घटना बुझाई।।

२५२

कलि - ज्यादा भयो अब गयो यसको घमण्ड।
पारूँ वृथा अभ्म कती फिर खण्ड-खण्ड।।
भन्ने दया हुन गयो, शिरको प्रचण्ड।
फालीदियें यवन-शासन-रूप दण्ड।।

२५३

सत्य - तेस्तो तरङ्ग चलनू तिमिमा दयाको।
सौभाग्य हो विकल भारतका प्रजाको।।
भाई ! गऱ्यौ तर कसो गरि त्यो समस्त।
तेस्तो कडा यवन-शासन-दण्ड अस्त।।

२५४

कलि - ल्यायेर ऐस गढिमा मदमत्त सारा।
जम्बा गरी यवन भारत भाग्य-मारा।।
हिन्दूहरूकन भनें अब ठोक आऊ।
फेरी घमण्ड नलिने बढिया छ दाऊ।।

२५५

सत्य - तिम्रो अपार करुणामय सूचना त्यो।
पायेर भारतविषे कुन जाति तात्यो।।
कोही डरे कि ? अथवा सब एकसाथ।
थाले भयङ्कर चलाउन लात हात।।

२५६

कलि - मौका मिले दृढ भयङ्कर खोरबाट।
गर्दैन सिंह किन उम्कनलाइ आँट।।
दाज्यै ! उठ्यो सकल भारत सुस्त-सुस्त।
पट्टीहरू शिरविषे गरदै दुरुस्त।।

२५७

सत्य - वैराऽऽदिले विकल निर्धन दीन चेत।
सम्पूर्ण जाति उस ठाउँविषे पुगे त ?
विश्वास हुन्न यसमा सहसा मलाई।
साँचो कुरा गर नछोड तिमी फुल्याई।।

२५८

कलि - दाज्यै ! अरू चुरिफुरी गरि एकबार।
लत्रे सबै यवनबाट पऱ्यो र मार।।
खाली ठुलो विविध अक्कल बुद्धि छाँटी।
थाले सदा लडन वीर कडा मराठी।।

२५९

सत्य - दावाऽग्नि-दग्ध वनमा जल-वृष्टि-तुल्य।
यो बातले मकन शान्ति मिल्यो अमूल्य।।
को हो ! परन्तु पहिला तिनताक तेस्तो।
सोझै गयेर लडने जगदीश-जस्तो।।

२६०

कलि - दु:साध्य त्यो यवन-पातन-बीज वापी।
राजा "शिवाजि" हुन मुख्य बडा प्रतापी।।
तेस्तो महाचतुर धार्मिक नीति-सिन्धु।
जन्मेन कोहि म छँदातक अन्य हिन्दू।।

२६१

सत्य - यो दिव्य धार्मिक विशेषणले मलाई।
फेरी पनी थपिदियो सुख शान्ति भाई।।
श्रद्धा परन्तु उनको कुन धर्ममाथी।
ज्यादा थियो ? भन, दया गर यो ममाथी।।

२६२

कलि - गो, वेद-विप्र-अबलाहरूमा विपत्ति।
काहीं पनी यवनबाट नहोस कत्ति।।
यै मुख्य धर्म मनभित्र लियेर नित्य।
राजा तिनी लडदथे दृढ धीर-चित्त।।

२६३

सत्य - स्याबास वीर शिवजी-सरिको शिवाजी।
मारी लियेछन अपूर्व पवित्र बाजी।।
यो बातले म हुनुसम्म भयें प्रसन्न।
इच्छा बढयो हृदयमा अरु बात सुन्न।।

२६४

कलि - साम्राज्यरूप बलियो अति उच्च खम्बा।
दाज्यै फुट्यो यवनको, सब भो बिकम्बा।।
हिन्दूहरू समयमाफिक एक-एक।
लागे मिलेर सब गर्न ठुलो विवेक।।

२६५

सत्य - गर्दै रहू तिमि सरासर बात सारा।
यो दिव्य शान्ति-सुखको नटुटाइ धारा।।
प्रत्येक अक्षर मलाइ सुधा-समान।
लागीरहेछ अहिले तिमि सत्य जान।।

२६६

कलि - फेरी चल्यो मधुर संस्कृतको प्रचार।
वेदान्त-वेदहरुको भरियो विचार।।
हेर्‍यो जतातिर उतै छ पवित्र खास।
सौभाग्य बाल-रविको मधुर प्रकाश।।

२६७

सत्य - टाटा थिये नयनमा अघिसम्म काला।
सारा दिशा अब म देखदछु उज्याला।
लागीरहेछ मनमा झलमल्ल घाम।
बाबू ? प्रसङ्ग यसरी बिचमा नथाम।।

२६८

कलि - प्राचीन गौरव लता सहसा पल्हायो।
हर्षाऽश्रुले सकल भारतलाइ छायो।।
स्वाऽधीनता-मणि लियेर समग्र जाति।
थाले वहाँ खुशि मनाउन भाँति भाँति।।

२६९

सत्य - काटेर त्यो यवन शासन काल-रात।
सौभाग्य बाल-रविको मिलदा प्रभात।।
कस्तो अहा ! खुशि हुँदाहुन आर्य जति।
गायेर छत्रपतिको मधुर प्रभाती।।

२७०

कलि - दाज्यै ! थिये अति खुशी सब देश-वासी।
जम्दै थियो छिन-छिनै धन-धान्य-राशि।।
बेसै थियो सब कुरा तर एक बात।
फेरी भयेछ बिनु बादल वज्रपात।।

२७१

सत्य - हा ! दैव ! एक छिनमात्र भयेर दङ्ग।
मैले यसै हुनुपऱ्यो बिचमा भरङ्ग।।
धिक्कार ! काल-गति त्यो कुन वज्र-पात।
फेरी परेछ नसुनीशकनू छ बात।।

२७२

कलि- दाज्यै ! कुनै दिन समस्त खिँचेर चित्त
विश्रामका लहडमा म थिएँ प्रवृत्त,
त्यै बीचमा सुरु सुरु गइ फूटले त
फोरीदिएछ उनको सब त्यो निकेत।

२७३

सत्य- पर्दा गिऱ्यो हृदयमा घनघोर कालो
फेरि पऱ्यो अब मलाई बडो उकालो,
के के भयो फिर वहाँ उस फूटबाट
बाबू ! यथार्थ भन तत्त्व कुरा नढाँट।

२७४

कलि - तत्कालमा उहि असम्भव भ्यागुताको।
धार्नी-समान सब हालत भो प्रजाको।।
थाले मपाइँ हुन आपसमा समस्त।
फेरी भयो चपल भारत-भाग्य अस्त।।

२७५

सत्य - तिम्रो विना हुकुम त्यो शठ फूटलाई।
केको थियो र अधिकार गयेर भाई।।
फोरीदियेछ घर त्यो सब हाय ! हाय !
त्यो काममा कुन दियौ तिमिले सजाय ?

२७६

कलि - मन्त्री उही छ अधिको उसलाइ दण्ड।
ठोके त मैकन पनी गरला कि खण्ड।।
भन्ने भयो भय ठुलो अधिकारि-वर्ग।
थालें क्रमैसित हटाउनलाइ सर्व।।

२७७

सत्य - उल्टा चल्यो जलधिमा पहिल्यै बतास।
जाला जहाज कसरी नपरी बित्यास।।
जानीशकें सकल यो तर चित्त पापी।
बाबू! खडा छ अझ निश्चल कान थापी।।

२७८

कलि - त्यै फूटले गरि अलीकति आर्य लत्रे।
आँखा खुले यवनका गढिबाट उत्रे।।
भारी चल्यो फिर दुवैतिर काट-मार।
दाज्यै! परस्पर समान परे प्रहार।।

२७९

सत्य - खोलो बराबर बग्यो दुइ धारबाट।
देखिन्छ हेर अझसम्म समान ठाँट।।
वाबू! पछी तर तहाँ कुन धारभित्र।
वर्ष्यो सफा विजय मेघ बनेर भित्र।।

२८०

कलि - सुन्दोपसुन्द सरि तुल्य बनेर नित्य।
गर्दै थिये रण दुवै दल खिन्नचित्त।।
त्यै बीचमा चतुरतासँग हेरि दाउ।
अंग्रेजले स्थिर गरे उसमाथि पाउ।।

२८१

सत्य - वाबू ! रहेछ सब भारत भाग्य-हीन।
फेरी भयेछ बिचरो अरूकै अधीन।।
सोधूँ वृथा अब कती गर बन्द बात।
जानू जहाँ छ उहि मार्ग सिधा समात।।

२८२

कलि - दाज्यै ! सबै बितिसक्यो उसको अभाग्य।
अंग्रेजबाट दिनहूँ खुलदो छ भाग्य।।
सारा बयान सुनि बक्सनुपर्छ नाथ।
तेसो भये सहज शीतल हुन्छ माथ।।

२८३

सत्य - वाबू ! बताउ पहिले उनको स्वदेश।
फेरी गरे कसरि भारतमा प्रवेश।।
कस्ता थिये तिनिहरू कुन चालबाट।
लागे त गर्न उसमा फिर राज-पाट।।

२८४

कलि - हो जन्मभूमि अतिदूर समुद्रपारी।
व्यापारको निहुँ लियेर तरे ति वारी।।
गोरो छ वर्ण, छन गैह्र-विवेकदार।
थामीरहेछन सुखैसित राज्य-भार।।

२८५

सत्य - जस्तो गरे यवनले अघि हिन्दुमाथी।
लाती दिईकन उपद्र अनेक भाँती।।
अंग्रेजको पनि थियो कि दवाब उस्तै।
यद्वा गरे वशमहाँ सब सुस्त-सुस्तै।।

२८६

कलि - दाज्यै ! भये त उनको पनि भाँति-भाँती।
त्यै घोर जोर जुलुमीपन रैतिमाथी।।
सोझै चली शकदथ्यो उहिल्यै प्रहार।
साम्राज्यका जडविषे दृढ दुर्निवार।।

२८७

सत्य - नौनी-बराबर भये पनि दूरवासी।
गौराङ्गका नगिचमा गइ हाँसि-हाँसी।।
सम्पूर्ण शासन दिनू कठिनै छ काम।
राजी भये कसरि आर्यहरू तमाम।।

२८८

कलि - फन्दा जती यवनका सब काटिदिन्छौं।
आऊ तिमी शरणमा खुशि-साथ लिन्छौं।।
यो घोषणाकन दिने बल-बुद्धि-सिन्धु।
अंग्रेजको कसरि छोडुन काख हिन्दु।।

२८९

सत्य - भैगो हुने भइशक्यो, अबलाइ खाली।
लिन्छौं स्वयं सकल शासनको प्रणाली।।
भन्ने सुयोग्य उनका मनमा विचार।
भाई ! उठेनछ तहाँ किन एक वार ?

२९०

कलि - अत्यन्त वीर विजयी बहुतै भला ती।
गौराङ्गतर्फ नझुकीकन हिन्दुजाती।।
पापी कडा यवनका दृढ जालबाट।
तेसै कहाँ छुटदथ्यो र गरोस आँट।।

२९१

सत्य - गौराङ्गतर्फ सब भारतवर्ष-वासी।
लागे-पछी ति मुशलेहरू सर्वनाशी।।
तेसै भये कि चुपचाप कुनै कुराको।
फेरी झिके खलबली भन जो भयाको।।

२९२

कलि - जो घोर पाप गरियो अघि हिन्दुमाथी।
त्यै पापको फल मिल्यो भनि ठोकि छाती।।
लागे सबै ति पछुताउनमात्र खाली।
हुन्थ्यो र के खलबली पछिको निकाली।।

२९३

सत्य - साम्राज्य त्यो यवनको सब नाशियेछ।
यो बातले खुश म छू बढिया भयेछ।।
बाबू ! परन्तु विजयीतिर ढल्कँदा ती।
के भन्दथे सकल निर्मल आर्यजाति।।

२९४

कलि - हे सभ्य ! शूर विजयी-गण ! कीर्ति-सार !
हामी थियौं यवन शासनले उजार।।
सौभाग्यले तिमी मिल्यौ अब छैन ताप।
भन्दै जुटे तिनिहरू सब चूपचाप।।

२९५

सत्य - तेस्तो पवित्र सरलाऽऽशय शान्ति-सार।
सारा निवेदन सुनी तिनको अपार।।
कस्तो दिये ति विजयीहरूले जवाफ।
विस्तार-साथ भन त्यो पनि बाबु ! साफ।।

२९६

कलि - धन्दा नमान अघि भैं जुलुमी हुँदैन।
पक्का तिमीकन ठुलो मिलने छ चैन।।
स्वर्गीय शासनविषे तिमि आज आयौ।
सौभाग्यले सुदिन देखन बल्ल पायौ।।

२९७

इच्छाऽनुरूप गर निर्भय धर्म-कर्म।
पर्दैन जान तिमिलाइ कदापि मर्म।।
रक्षानिमित्त सब हामि खडा रहन्छौं।
आई परे भय कुनै सब तोडिदिन्छौं।।

२९८

तिम्रा विशेष सुखमा सुख मानने छौं।
आपत्तिमा फगत दुःख मनाउने छौं।।
बन्धुत्व-बन्धन-विषे सब छौं निबद्ध।
हाम्रो हुनेछ सबमा व्यवहार शुद्ध।।

२९९

शिक्षा दिई तिमिहरूकन केहि काल।
अज्ञानजन्य सब फालि कडा कराल।।
स्वाराज्य-सम्म दिउँला तिमिलाइ हामी।
धन्दा नमान सब छौं दिलदार नामी।।

३००

योो सान्त्वनाकन दिंदै सबलाइ काख।
राखेर मानिकन बन्धुसमान शाख।।
थाल्यो हुकूमत चलाउन गौरजाति।
अत्यन्त धैर्यसित कत्ति पनी नमाती।।

३०१

सत्य - अत्यन्त शीतल भयो हुनुसम्म आँत।
पायेर यो मधुर सूक्ति-सुधा-प्रपात।।
तेस्तो अनभ्र-जल-वर्षणका पछाडी।
के-के भयो भन समस्त कुरा नछाडी।।

३०२

कलि - हर्षाऽश्रुपूर्ण गरि लोचनरूप बाँद।
लाखौं चढाइ उनमा शुभ धन्यवाद।।
हिन्दू परस्पर मिले खुशिसाथ सारा।
प्यारा बनी नृपतिको गरदै सहारा।।

३०३

सत्य - राजा प्रजा सब सहर्ष बढाइ हात।
भाई ! परस्पर मिलेछन भक्तिसाथ।।
यो बात प्रष्ट बुझियो अबलाइ खालि।
त्यो मेलको फल पनी भन एक पाली।।

३०४

कलि - लागे मिलेर सब उन्नतितर्फ रैती।
बन्दै भयो यवन-शासनको डकैती।।
सम्पूर्ण भारत भयो सहसा प्रफुल्ल।
दाज्यै ! वसन्त ऋतुको वनराजि-तुल्य।।

३०५

सत्य - उस्तो विषाद पहिले अब हर्ष यस्तो।
प्रास्थानकालिक मुहूर्त रहेछ कस्तो।।
बाबू ! तिमी गर अरू पनि क्यै बयान।
सारा बयान नगरी अब दिन्न जान।।

३०६

कलि - विज्ञानको उदय भो कल कारखाना।
लाखौं खुले नगरबीच नवीन नाना।।
हेऱ्यो जतातिर उतै इलमी छ लोक।
अन्यायबाट कहिल्यै परदैन शोक।।

३०७

सत्य - बाबू सुन्यो जति जती शुभ बात उत्ती।
उर्लेर जान्छ उसमा मनको प्रवृत्ति।।
फेरी पनी भन सरासर गैह्र बात।
तेसै नछोड घटना तिमि एकजात।।

३०८

कलि - सम्पूर्ण रैतिहरूको सुखका निमित्त।
खर्ची अनन्त धन खूब लगाइ चित्त।।
थाले सुधारन तहाँ मुलुकी प्रबन्ध।
गौराङ्ग वीरहरु ती सब मन्द-मन्द।।

३०९

सत्य - बोली पलाभर पनी बिचमा नरोक।
रोक्यौ भने मकन पर्दछ फेरि शोक।।
आईरहेछ अब शीतल शान्तिधारा।
यो बीचमा नगर बन्द तिमि पियारा।।

३१०

कलि - बन्धुत्वमा सकल बद्ध भये मनुष्य।
सम्झे सबै मनुजजीवनको रहस्य।।
निस्क्यो सबैतिर पुरातन-तत्त्व खोज।
दाज्यै ! बढ्यो विविध गौरव रोज-रोज।।

३११

सत्य - सोझो भयेछ अधिको शनि उग्र वक्र।
पल्टेछ खूबसित भारत-भाग्य-चक्र।।
यो सम्झदा हृदय भो हुनुसम्म दङ्ग।
बाबू ! सबै अरू पनी भन जो छ रंग।।

३१२

कलि - पक्का बने सडक, सेतु भये तयार।
लाखौं ठुला नदनदीबिच वार-पार,
थाले जहाज पनि सागर पार जान।
व्यापारको खुलन गो सहसा मुहान।।

३१३

सत्य - बेरोकटोक जलमा चलनू जहाज।
व्यापारबाट दिनहूँ बढनू समाज।
पक्का सफा सडक सेतु हुनू तयार।
क्या धन्य वीर विजयीहरूको विचार !

३१४

कलि - साधारणै विषयले प्रभुलाइ दङ्ग।
पारीदियो बढि गयो खुशिको तरङ्ग।।
कस्तो अलौकिक वहाँ रमिता छ हाल।
यो कत्ति छैन मनमा प्रभुलाइ ख्याल।।

३१५

सत्य - जस्तो छटा अघि अधोगतिको निकाल्यौ।
उस्तै गरेर अब उन्नति भन्न थाल्यौ।।
साँचै त भारतविषे गजबै भयेछ।
सुन्छू सबै भन, अलौकिक बात के छ ?

३१६

कलि - दाज्यै ! सदा चलिरहेछन लागि धारा।
ट्राम्बे र साइकल मोटर रेल सारा।।
तेसै तिनी सडकमा हिंडनूपरे त।
मानीस हुन्छ सहसा बिचमा परेत।।

३१७

सत्य - विज्ञानको विपुल त्यो महिमा-विकास।
सुन्दा भयें म उसमा अफ साऽभिलाष।।
केही भये अरु पनी समभी बताऊ।
सुन्छू सबै प्रणय-साथ न हत्पताऊ।।

३१८

कलि - रस्ताविषे छन दुवैतिर पूर्ण तार।
गम्कीरहेछ भरिला चिजले बजार।।
लागीरहेछ सबका घर टेलिफोन।
बल्दोछ नित्य बिजुली पनी कोण-कोण।।

३१९

सत्य - त्यो इन्द्रजालमय उन्नतिको तमासा।
जानौं भनेर अरु इन्द्रिय राखि आशा।।
आईपुगे सकल कानविषे विशेष।
बाबू ! सबै गर बयान नराख शेष।।

३२०

कलि - लाखौं हुंदो छ कलका बलबाट काम।
मानीसको सितिमिती परदैन काम।।
त्यो सम्झदा मन अझै अलमल्ल हुन्छ।
जत्ती गरे पनि बयान उसै रहन्छ।।

३२१

सत्य - सारा सुनाइ रसिला चटकै समान।
फेरी पनी अकलका कलका बयान।।
हे वत्स ! आज कलि-नाम यथार्थ पार।
संक्षेपले गरि मलाइ यसै नटार।।

३२२

कलि - खाना पकाँउछ कलै, कलको छ गाना।
देखाइदिन्छ कल अद्‌भुत दृश्य नाना।।
हम्कन्छ नित्य कलले, कल दिन्छ पानी।
जानिन्छ बात कलले परबाट तानी।।

३२३

भाँडा बनाउँछ कलै, कल खन्छ खानी।
देखाइदिन्छ कल काल झिँजो नमानी।।
धागो झिकेर कपडा कल खूप बुन्छ।
ढुङ्गा मुढा सब कडा कल पेलिदिन्छ।।

३२४

लेखापढी छ कलको, कलको सिलाई।
वाणिज्य खेति कलको, कलकै हिँडाई।।
दाज्यै ! पिसान कलको, कलको कुटाई।
शैयाऽऽसनादि कलको कलकै लडाईं।।

३२५

मानीसलाइ जति पर्दछ काज-काम।
त्यो हालमा छ कलका भरमा तमाम।।
यो काम हुन्छ कलले यति काम हुन्न।
भन्ने कुरा सितिमिती शकिँदैन भन्न।।

३२६

सत्य - गन्धर्व-लोक सरि भैशकियेछ देश।
सौभाग्यले सब अहा ! हुनुसम्म वेश।।
भाई ! गयेर कहिले अब देखुँला म।
यो बातमा हृदय उत्सुक भो प्रकाम।।

३२७

कलि - भो खुब हत्पत भने प्रभुलाइ जान।
दाज्यै ! मगाइ लिनुहोस यहीं विमान।।
केको छ कम्ति अहिले प्रभुका निमित्त।
हाजीर सेवक छँदैछ अनन्य-चित्त।।

३२८

सत्य - वाबू ! गयेर अलकापुरमा कुवेर।
भेटी निकासि गरदा हुनजान्छ वेर।।
भैगो कुरा गर खुशीसित केहि काल।
लण्ठा विमानतिरको सब दूर फाल।।

३२९

कलि - चाहिन्छ निश्चय भने अहिले विमान।
पर्दैन दूर अलकापुरसम्म जान।।
दाज्यै ! दिये खबर भारतनाथनेर।
हाजीर हुन्छ अहिल्यै नलगाइ बेर।।

३३०

सत्य - फुस्ल्याउँछौ कि तिमि वास्तव बात भन्छौ।
भाई ! मलाई अथवा सपना कहन्छौ ?
मानीसबाट बनला कसरी विमान।
यो बातले अकलगूम भयें म जान।।

३३१

कलि - ढाँटी हजुरकन वा सपना बताई।
दाज्यै ! थियो र कुन लाभ यहाँ मलाई।।
साँचै छ यो सब कुरा नभये पत्यार।
पाऊविषे कसम खान म छु तयार।।

३३२

सत्य - तेस्तो भये त अब भारतवर्षभित्र।
स्वर्गीय कौतुक जुटेछ बडो विचित्र।।
पक्का पनि सितिमिती भुकदैन चित्त।
मानीसको सुरपुरी-सुखका निमित्त।।

३३३

कलि - दाज्यै ! हजूर हुनुहुन्छ बडो विचारी।
गर्नुभयो पलकमा अनुमान भारी।।
साँचै महेन्द्रपुरको सुख शान्ति-धारा।
पाये-बराबर खुशी दुनियाँ छ सारा।।

३३४

सत्य - बिर्सी-सकें यवनशासन-जन्य बाधा।
आश्चर्य हर्ष मनमा बढदो छ ज्यादा।।
बाबू ! भये अरु कुरा पनि गैह्र सुन्छू।
आनन्दका जलधिबीच डुबीरहन्छू।।

३३५

कलि - शिक्षा, पुलीस, पहरा, व्यवसाय, भारी।
न्याय प्रबन्ध, गुण, जाँच, सभा तयारी।।
सर्वत्र डाँक, मनि-आडर, हुण्डि सारा।
चम्कीरहेछ शुभ-शासनको सितारा।।

३३६

सत्य - यस्तो अपार सुख साधन भोग सुन्दा।
मेरा बढ्यो हृदयमा फिर एक धन्दा।।
पाई सहायकन चैन विलास बेस।
भाई ! भयो कि फिर नास्तिकता-प्रवेश।।

३३७

कलि - लाखौं थरी खुलिरहेछन पाठशाला।
विद्या अनेक पढदाछन बाल-बाला।।
उर्लीरहेछ दुनियाँभर धर्म-चर्चा।
धर्मैं निमित्त सबको बढदो छ खर्चा।।

३३८

सत्य - धर्मार्थ खर्च दुनियाँ गरदो रहेछ।
हे वत्स ! यो पनि बडो बढिया भयेछ।।
धर्म-स्वरूप तर हेरनु पर्छ खास।
कस्तो छ भित्र उसमा फलको विकास।।

३३९

कलि - जस्तो छ मुख्य जसको कुलधर्म-कर्म।
त्यो तेहि धर्मपथको बुझि भित्र मर्म।।
विस्तार गर्छ निज-बन्धुविषे विशेष।
जान्दीन भित्र फल बेस छ की नबेस।।

३४०

सत्य - बाबू ! खडा छ कुल-धर्म भने विशेष।
निस्कन्छ सूक्ष्म परिणाम अवश्य बेस।।
शङ्का रहेन यसमा अब नीति-सार।
संक्षेपले सकलको भन एक बार।।

३४१

कलि - ईर्ष्या, मनो-मलिनता, छल दूर होस।
थामी कुल-स्थिति सबै दुनियाँ मिलोस।।
भागोस वैर-भय, देश धनी बनोस।
कोशीश यै छ सबको, घटदो छ दोष।।

३४२

सत्य - आयेछ ठीक पथमा सबको विचार।
पाई शकेछन मनोहर नीति-सार।
राजा प्रजा उभयको यसमा छ लाभ।
धन्यै रहेछ विजयीहरूको प्रभाव।।

३४३

कलि - तेस्तै प्रभाव नभये उति दूरबाट।
आई गरी यवन शासन छाँट काँट।।
गन्धर्व-लोक सरि पारन दीन देश।
तेसै तिनी शकदथे कसरी अशेष।।

३४४

सत्य - तिम्रो अजेय अघिको बलियो विशाल।
दारिद्रय रोगमय सैन्य कडा कराल।।
के काम गर्छ अहिले कुन ठाउँमा छ।
तेसै उही सुतिरहेछ कि वा बिदा छ ?

३४५

कलि - विद्यौषधाऽऽलय अनेक अनाथशाला।
लाखौं सभा सदन लेक्चर शिल्पशाला।।
इत्यादिका नगिचमा उसको निवास।
हुन्थ्यो कहाँ ! हटिरहेछ बनी हताश।।

३४६

सत्य - पायेर त्यो मधुर निर्भय शान्त रङ्ग।
हिन्दूहरू सब हुँदा हुनुसम्म दङ्ग।।
भाई ! भयेन कि ? अहो ! तिमिलाई डाह।
यद्वा रहेन उसको अघिबाट थाह।।

३४७

कलि - इच्छा थियो फगत भारतको मलाई।
प्राचीन गर्वकन तोडनुसम्म दाई !
त्यो कामना पुगिसक्यो पहिल्यै तमाम।
लिन्थें म डाह किन फेरि उसै विकाम।।

३४८

सत्य - निर्वैर भो सकल देश भनी बतायौ।
आफू पनी सँग कुनै नलियेर आयौ।।
वैराऽऽदि वीरहरू बाबु ! कता हराये ?
भागे कि ! दैव गतिले बिचमा बिलाये।।

३४९

कलि - मेरी प्रिया कुमतिलाई गरेर जारी।
भागी गये ति सब मूर्ख समुद्र पारी।।
खाली बुढा गुरु तमाखु चुरोटरूप।
नाति लियेर घुमदा छन दिव्य-रूप।।

३५०

सत्य - सुन्दा अरू विषय-वर्णन हर्षसाथ।
बाबू ! नसोधि नहुने भुलियेछ बात।।
कस्तो छ आजकल गोकुलको व्यवस्था।
आपत्ति नै छ कि ! मिल्यो अब ता सुबिस्ता।।

३५१

कलि - जातीय धर्म कुलमा जसको छ जस्तो।
पक्का रहन्छ उसको व्यवहार उस्तो।।
ज्यादा रहस्यकन खोजनु ठीक छैन।
निर्दोष भाव भवमा कहिँ पायिँदैन।।

३५२

सत्य - गो-रक्तपात अझ भारतभित्र बन्द।
पक्का रहेनछ बुझें सब मन्द-मन्द।।
भाई ! भयो मन भरंग, रहेन ह्याऊ।
राखूँ गईकन तहाँ कसरी म पाऊ।।

३५३

कलि - सन्तापमा नि यसरी बिचमा तरङ्ग।
ज्यादा झिकी, हृदय पारि वृथा भरङ्ग।।
बन्दैन नाथ ! कहिल्यै पनि काज काम।
जाऊँ उठौं, डुबि शकेछन गैह्र घाम।।

३५४

सत्य - जान्छू म जान त परन्तु वहाँ म आज।
पुग्दीन निश्चय, परेछ झमक्क साँझ।।
बाबू ! गईकन कहाँ बसुँला म वास।
यै बातले हृदय केहि भयो उदास।।

३५५

कलि - सुर्ता नहोस यसको प्रभुलाइ ज्यादा।
पर्दैन वासकन पाउनलाइ बाधा।।
नेपालको शिखर त्यो नगिचै छ भारी।
दाज्यै ! सरासर हवोस उहीं सवारी।।

३५६

सत्य - आयेछ साँभ बिचमा किन को विदेशी ?
के भन्छ यो किन बनेछ अपूर्वभेषी।।
इत्यादि यो खलबली उठला र ज्यादा।
होला कि ? रातबिच नाहक बाबु ! बाधा।।

३५७

कलि - यस्तो लिई परम पावन साधुभेष।
गर्दा गयेर उस देशविषे प्रवेश।।
दाज्यै ! हुनेछ पहिल्यै प्रभुको विशेष।
सत्कार स्वागत सबैतिरबाट बेस।।

३५८

सत्य - यो बातले हृदय दंग भयो समस्त।
चिन्ता तरंग हुन गो मनबाट अस्त।।
त्यो देशमा अतिथिपूजन आदि काम।
चल्दैछ के ? भन सविस्तर यो तमाम।।

३५९

कलि - नेपालको हजुरमा महिमा र काम।
यादै रहेनछ हरे शिव ! राम !! राम !!
जानूहवोस पहिले उसमा हजूर।
होला अनी हृदय शान्त सबै जरूर।।

३६०

सत्य - भाई ! यहाँतक म लाखन वर्षबाद।
आई रहेंछु कसरी सब होस याद।।
साँचै म जान्दिन कुनै उसको महत्त्व।
संक्षेपले भन, म छू स्थिर एकचित्त।।

३६१

कलि - यै उच्च दिव्य तुहिनाचलदेखि पारी।
कोल्टामहाँ मुलुक त्यो छ पवित्र भारी।।
हेर्नूहवोस यसमाथि चढी हजूर।
गुह्येश्वरी पशुपति प्रभुको गजूर।।

३६२

त्योदेखि पश्चिम दिशातिर राजधानी।
दोस्रो अनन्त गुणगौरवको छ खानी।।
देखिन्छ गैह्र उसको पनि कान्तिधारा।
यै शैलका शिखरबाट झलक्क सारा।।

३६३

शास्त्रानुसार उसमा सब राजपाट।
चल्दो छ वीरवर क्षत्रिय जातिबाट।।
प्राचीन धर्म-महिमा स्थिति आजसम्म।
पायिन्छ त्यो मुलुकभित्र समस्त टम्म।।

३६४

अन्याय छैन उसमा छल दम्भ छैन।
गो वेद-विप्रहरुको अपमान छैन।।
पाखण्ड छैन बहुधा मतभेद छैन।
यौटा मनुष्य पनि धर्म-विरुद्ध छैन।।

३६५

चल्दो छ खूबसित दान र यज्ञ याग।
देवार्चनादि शुभकर्म वहाँ सराग।।
विश्वास भक्ति सबमा बढदैछ दाई !
बन्दैन शास्त्र-विधि छोडि कुनै मपाई।।

३६६

दाज्यै ! जहाँ सविधि पण्डित सोमपान।
भूपाल गर्छन सुवर्ण-तुला-प्रदान।।
त्यो देशमा अतिथि-पूजनको बयान।
हो सूर्यका नगिच जुन्किरिको समान !

३६७

दाज्यै ! खडा छन अहा !! झलमल्ल चन्द्र।
सानन्द पारि सब लोक अजात-तन्द्र।।
हेर्दै सफा मधुर चाँदनि वारि-पारी।
चाँडो चलोस अब ता प्रभुको सवारी।।

३६८

सत्य - शान्ति, क्षमा, यम, दमाऽऽदि जहान सारा।
आई रहेछन पछिल्तिर लागि धारा।।
जाऊँ म खालि कसरी उनका निमित्त।
पर्खूं कि एकछिन शान्त गराउ चित्त।।

३६९

कलि - नेपाल बीच अहिले प्रभुको छ वास।
जाबो तिमीहरु सबै नभई हताश।।
भन्ने कुरा म भनुँला, यहि पर्छ पन्था।
दाज्यै ! बसेर नतुनूँ अब धेर कन्था।।

३७०

सत्य - तेसो भये उहिँ गई बसुँला म वास।
आफैं तिमी भनिदिये समचार खास।।
दिन्छू शुभाऽऽशिष तिमीकन बाबु ! जाऊ।
ब्रह्माजिनेर गइ हाल सबै बुझाऊ।।

३७१

कलि - त्रेताऽऽदिको स्थिति पनी प्रभुबाट धेर।
आज्ञा भयो बहसमा हर एक फेर।।
मालूम भो कसरि त्यो प्रभुलाइ नाथ।
यो बातमा त अलमल्ल छ यो अनाथ।।

३७२

सत्य - ब्रह्माजिका समितिमा सब देव आई।
गर्दा परस्पर कुरा बहुतै रमाई।।
सुन्थें अघी विषय भारतको यसैले।
सोधें समस्त उहिमाफिक आज मैले।।

३७३

कलि - दाज्यै ! बुझ्यो मन, म जान भयें तयार।
यो दण्डवत् गरदछू अब एक वार।।
जो भो सलाम पहिले भुलमा परेर।
माफी मिलोस उसमा नलगाइ बेर।।

३७४

सत्य - मेरो समस्त अघिको तिमिलाइ बानी।
यादै छ, गर्दिन कतै म वृथा रिसानी।।
माफै छ त्यो सब कुरा तिमिलाइ जान।
जाऊ तिमी, खुश म छू अघिकै समान।।

ग्रन्थसमाप्ति

३७५

संवाद सत्य कलिको दुइ चार वार
हेरी सहर्ष उसको लिनुहोस सार।।
भन्दै ठुलो प्रणयपूर्वक जोडि हाथ।
लत्रन्छ सज्जनहरूसँग लेखनाथ।।

✦ ✦ ✦